CATALOGUE
DES LIVRES

IMPRIMÉS ET MANUSCRITS

COMPOSANT LA BIBLIOTHÈQUE

DE FEU M. LE COMTE DARU,

PAIR DE FRANCE, MEMBRE DE L'INSTITUT, ETC., ETC.

DONT LA VENTE SE FERA

Le Mercredi 24 Février 1830 et jours suivans, 6 heures
de relevée,

EN SON HOTEL,
Rue de Grenelle-Saint-Germain, n°. 8

Les Adjudications auront lieu par le ministère de M°. G. BENOU,
Commissaire–Priseur, rue Taranne, n°. 11.

PRIX : 1 FR. 50 c.

A PARIS,
CHEZ J.-S. MERLIN, LIBRAIRE,
QUAI DES AUGUSTINS, N°. 7.

1830.

AVIS.

Il y aura, chaque jour de vente, d'une heure à trois heures, exposition des livres qui devront être vendus le soir. Les livres sont garantis complets et sans défauts redhibitoires. Les acquéreurs sont néanmoins invités à les examiner et à les collationner sur place dans les 24 heures de l'adjudication. Ce délai passé, ou les livres une fois sortis de la salle, on ne sera admis à aucun rapport, pour quelque cause que ce soit.

Les articles de 12 francs et au dessous ne seront repris que dans le seul cas où ils seraient incomplets.

Nota. Le Libraire chargé de la vente remplira les commissions qui lui seront adressées.

Sous presse, pour paraître successivement chez le même Libraire, le Catalogue de la bibliothèque de M. Le Masson, Ingénieur en chef des Ponts et Chaussées; et deux autres Catalogues, dans lesquels on remarquera principalement divers manuscrits curieux, nombre d'éditions des xve. et xvie. siècles, des Romans de chevalerie, etc.

IMPRIMERIE DE Mme. HUZARD (née VALLAT LA CHAPELLE),
Rue de l'Éperon, n°. 7.

ORDRE DE LA VENTE.

1re. *vacation, mercredi* 24 *février* 1830.

Théologie. . n^{os}.   1 à 26.
Histoire. . . . . 1092—1129.
Belles-lettres . . 485— 509.

2e. *vacation, jeudi* 25.

Théologie. . . . . 27— 44.
Belles-lettres . . 510— 541.
Histoire . . . . 1130—1171.

3e. *vacation, vendredi* 26.

Jurisprudence. . 45— 79.
Belles-lettres . . 542— 571.
Histoire. . . . . 1172—1198.

4e. *vacation, samedi* 27.

Jurisprudence. . 80— 107.
Belles-lettres . . 572— 599.
Histoire . . . . 1199—1234.

5^e. *vacation, lundi* 1er. *mars.*

Belles-lettres . . 600— 629.
Histoire. . . . . 1264—1301.
Sciences et arts . 108— 132.

6^e. *vacation, mardi* 2.

Sciences et arts . 133— 161.
Belles-lettres . . 630— 658.
Histoire . . . . 1235—1263.

7^e. *vacation, mercredi* 3.

Sciences et arts . 162— 189.

Belles-lettres . . 659— 689.
Histoire . . . . 1302—1322.
———— . . . . 1022—1031.

8^e. *vacation, jeudi* 4.

Sciences et arts . . 190— 220.
Belles-lettres . . 690— 718.
Histoire . . . . 1323—1356.

9^e. *vacation, vendredi* 5.

Belles-lettres . . 719— 748.
Sciences et arts . 221— 250.
Histoire. . . . . 1032—1051.
———— . . . . 1357—1368.

10^e. *vacation, samedi* 6.

Belles-lettres . . 749— 777.
Sciences et arts . 251— 278.
Histoire . . . . 1369—1391.
———— . . . . 1052—1062.

11^e. *vacation, lundi* 8.

Sciences et arts . 279— 311.
Belles-lettres . . 778— 803.
Histoire . . . . 1392—1412.
———— . . . . 1081—1091.

12^e. *vacation, mardi* 9.

Histoire . . . . 1413—1435.
— — — . . . . 1063—1080.
Belles-lettres . . 804— 832.
Sciences et arts . 312— 336.

13ᵉ. *vacation, mercredi* 10.

Belles-lettres . . 833— 866.
Histoire . . . . 1436—1467.
Sciences et arts . 337— 361.

14ᵉ. *vacation, jeudi* 11.

Belles-lettres . . 867— 894.
Histoire . . . . 1468—1500.
Sciences et arts . 362— 390.

15ᵉ. *vacation, vendredi* 12.

Belles-lettres . . 895— 921.
Sciences et arts . 391— 421.
Histoire. . . . . 1501—1529.

16ᵉ. *vacation, samedi* 13.

Histoire . . . . 1530—1575.

Belles-lettres. . . 922— 951.
Sciences et arts. 422— 438.

17ᵉ. *vacation, lundi* 15.

Histoire . . . . 1593—1638.
Belles-lettres . . 987—1010.
Sciences et arts . 439— 459.

18ᵉ. *vacation, mardi* 16.

Sciences et arts . 460— 484.
Histoire . . . . 1639—1675.
Belles-lettres . . 952— 986.

19ᵉ. *et dernière vacation,*
mercredi 17.

Articles omis . . 1676—1709.
Belles-lettres . . 1011—1021.
Histoire . . . . 1576—1592.

CATALOGUE

DES LIVRES

IMPRIMÉS ET MANUSCRITS

DE M. LE COMTE DARU.

THÉOLOGIE.

1. Biblia sacra (dicta *Episcoporum*), vulgatæ editionis, Sixti V jussu recognita atque edita. *Colon.-Agripp., Bern. Gualterus et Socii,* 1630, in-12, mar. n., avec fermoir.
2. Psalterium Davidis (et Libri sapientiales) ad exemplar Vaticanum anni 1592. *Lugd. (Batav.), Joh. et Dan. Elzevirii,* 1653, pet. in-12, mar. v., tr. dor. *Quelques feuillets mouillés.*
3. Novum J. C. Testamentum, vulgatæ editionis, Sixti V jussu recognitum atque editum. *Parisiis, è T. R.,* 1649, pet. in-12, 2 vol., mar. r., à compart., tr. dor.
4. Commentaire littéral sur la Sainte Bible, contenant l'Ancien et le Nouveau Testament, par le P. de Carrières. *Paris, Moreau,* 1741, pet. in-12, 10 vol., bas. m.
5. La Revelacio del ben. apostol sanct Pau, de vulgar ydioma castilla in valenciana prosa..., por Bernardi Vallmanya. *Valencia,* 1495, pet. in-4, rel. en bois. *Piqué et mouillé.*
6. Heures en vers françois, contenant les Pseaumes de David, les Offices de la Vierge, les VII pseaumes pénitentiaux, avec plusieurs belles méditations sur XX principales festes de l'année; trad. et composées par Cl. San-

guin. *Paris, de la Caille*, 1660, pet. in-4, réglé, mar.
r., fleurdelisé, tr. dor.

7. L'Office de la Sainte Vierge, accompagné de Prières,
Méditations et Instructions chrestiennes, tant en vers
qu'en prose, par F. L'Hermite. (*Paris*), *P. Des Hayes*,
1646, in-12, réglé, mar. r., à compart., tr. dor.

Fig. de Stella, grav. par Abr. Bosse.

8. Heures latines sur vélin, avec miniatures et ornemens
en or et en couleur, pet. in-8, v. br.

Ms. du xv⁰. siècle.

9. La Cité de Dieu de S. Augustin, trad. en franç., avec
des remarques et des notes, par Lombert. *Paris, Rollin*,
1737, in-12, 4 vol., v. br.

10. Vol. pet. in-4, rel. en bois, contenant divers traités
latins, dont: Boetius de consolatione philosophiæ; Tractatus de modo cognoscendi Deum; Epistola Franc. Pe-
trarchæ ad fratrem suum Girardum; Quædam Thomæ à
Kempis; Astutiæ Diaboli ex Wilhelmo parisiensi; Ri-
cardus de Sancto Victore de gradibus solutæ charitatis...

Ms. du xv⁰. siècle sur papier. Le Traité de Boèce, d'une autre main
que le surplus du vol., est d'une netteté admirable.

11. Tractatus magistri Friderici Vetter de septem sacra-
mentis. Sermones V Nicolai de Dinckclopyn. Pet. in-4,
rel. en bois.

Ms. du xv⁰. siècle, partie sur peau de vélin, partie sur papier.

12. Confessionale D. Antonini Archiep. Florentini. *Ar-
gentinæ, Mart. Flach*, 1499, pet. in-4, goth., parch.
Piqué.

13. Les Imaginaires et les Visionnaires, ou Lettres sur
l'hérésie imaginaire, par de Damvillers (Nicole). *Liege,
Ad. Beyers (Holl., Elzevier)*, 1667, pet. in-12, 2 vol.,
v. br.

14. Les Provinciales, ou Lettres écrites par Louis de Mon-
talte (Bl. Pascal), à un provincial de ses amis, et aux
RR. PP. Jésuites, sur le sujet de la morale et de la politique de ces Pères. *Cologne, P. de la Vallée (Holl.,
Elzev.)*, 1657, pet. in-12, v. f., fil., tr. dor.

15. Instructions pour la première communion, par M. Mé-
rault. *Orléans, Jacob*, 1825, in-12, br. —Enseignement

de la religion, par le même. *Orléans, Jacob,* 1827, in-12, 5 vol., br.

16. Sermons du P. Bourdaloue. *Lyon, P. Bruyset Ponthus,* 1765, in-12, 15 vol., v. m.—Pensées du P. Bourdaloue, sur divers sujets de religion et de morale. *Bruxelles,* 1766, in-12, 2 vol., bas.

17. Les Sermons de Massillon. *Paris, V^e. Estienne,* 1745-49, in-12, 13 vol., v. m. (Les 2 vol. des psaumes manquent).

18. Th. à Kempis de Imitatione Christi Libri IV. *Lugd. (Batav.), Joh. et D. Elsevirii, Sine anno,* pet. in-12, mar. r., fil., tr. dor.

19. Iidem Libri, recensiti ad fidem autographi anni 1441. *Parisiis, Joa. Cusson,* 1660, pet. in-12, mar. r., fil. à compart., tr. dor.

20. Iidem Libri, ad VIII mss. fidem castigati, ex recensione Jos. Valart. *Parisiis, J. Barbou,* 1758, in-12, bas. br. —De l'Imitation de Jésus-Christ, traduction avec des réflexions (par l'ab. Leduc). *Paris, Savoye,* 1788, in-12, mar. r., tr. dor.

21. Vol. pet. in-4, rel. en bois, contenant divers traités de Thomas à Kempis, dont : Dialogus novitiorum; Soliloquium animæ; Tractatus de disciplinâ claustralium, et alia notabilia...

Ms. du xve. siècle, tant sur peau de vél. que sur pap.

22. Tractatulus magistri Heinrici D'Urimatia, de instinctibus. Themata dominicalia super diem salutis. Compendium de disputatione corporis et animæ, et divers autres Traités ascétiques, in-4, rel. en bois.

Ms. du xve. siècle, tant sur peau de vélin que sur papier.

23. Vol. in-4, rel. en bois, contenant 22 traités moraux et ascétiques, tirés d'Albert le Grand, de St. Bernard, de St. Bonaventure.

Ms. du xve. siècle.

24. Vol. pet. in-4, rel. en bois, contenant divers traités, dont : Tractatus de septem horis canonicis, Tractatus de regimine sanitatis..., Disputatio de adventu Christi..., Quadragesimale Antonii de Parma.

Ms. du xve. siècle, sur peau de vélin.

25. Opuscules spirituels de Mme. J. M. B. de la Mothe-Guion, augmentés de son Traité des torrents. *Cologne, J. de la Pierre*, 1704.═Regle des Associez à l'Enfance de J. (par la même). *Ibid.*, 1705, pet. in-12, v. m.

26. Le Cantique des Cantiques, ou les Enigmes du saint amour, entre l'ame et son Dieu, expliqués par Hierome Lopes, chanoine théologal de Bourdeaux et professeur en théologie dans l'université de cette ville, in-fol., parch.

Ms. du xviie. siècle.

27. Pensées, ou Réflexions chrétiennes pour tous les jours de l'année, par le P. Nepveu. *Paris, Delespine*, 1735, in-12, 4 vol., v. m.

28. L'Évangile médité, et distribué pour tous les jours de l'année (par l'abbé Duquesne). *Paris, Berton,* 1773, in-12, 12 vol., v. éc.

29. Génie du Christianisme, ou Beautés de la religion chrétienne, par M. de Châteaubriand. *Paris, Migneret,* 1802, in-8, 5 tom. en 3 vol., d.-rel.

30. Essai sur l'indifférence en matière de religion, par M. de la Mennais. *Paris, Tournachon-Molin,* 1819 et 1820, in-8, 2 vol., d.-rel.

31. De M. Merault : les Apologistes involontaires, ou la Religion chrétienne prouvée et défendue par les objections même des incrédules. *Orléans, Jacob,* 1820, in-8, cart. à la Bradel.——Les Apologistes, ou la Religion chrétienne prouvée par ses ennemis comme par ses amis. *Ibid.*, 1821, in-8, br.——Conjuration de l'impiété contre l'humanité. *Orléans, Jacob,* 1822, in-8, br.————Voltaire apologiste de la religion chrétienne. *Paris, Méquignon,* 1826, in-8, br.

32. Du même : les Apologistes involontaires. *Paris, Le Clerc,* 1826, in-12, br.——Les Apologistes, ou la Religion prouvée et défendue par ses amis comme par ses ennemis. *Paris, Méquignon,* 1828, in-12, br.——Preuves abrégées de la religion, offertes à la jeunesse avant son entrée dans le monde. *Orléans, Jacob,* 1829, in-12, br.

33. Le Phare du christianisme, ou Antidote contre l'athéisme, le déisme et l'incrédulité, par M. l'ab. H. Lemaire de Troisvilles. *Paris, A. Leclerc,* 1825, in-8, br. —— Le Bon curé, ou Réponses aux objections populaires

contre la religion, par M. B. d'Exauvillez. *Paris, Gaumé,* 1828, in-18, br. — Essai sur l'homme, ou Accord de la philosophie et de la religion, par M. Ed. Alletz. *Paris, A. Le Clerc,* 1826, in-8, br.

34. La Théologie naturelle de Raymond Sebon, trad. en franç. par Michel, seign. de Montaigne. *Rouen, J. de la Mare,* 1641, pet. in-8, bas. f.

35. Les Trois veritez, plus la Replique faicte aux ministres de la Rochelle, par P. Le Charron. *Paris, V°. P. Bertault,* 1620, pet. in-8, parch. *Piqué.*—Traicté de la vérité de la religion chrétienne (par Abbadie). *Rotterd., Reinier Leers,* 1684, in-8, 2 vol., v. br.

36. Mémoire en faveur de Dieu (par Delisle de Sales). *Brunswick (France),* 1804, in-8, 2 vol., br.

37. Lettres sur la religion essentielle à l'homme , distinguée de ce qui n'en est que l'accessoire (par Mlle. Hubert). *Londres,* 1739, pet. in-8, 2 part. en 1 vol., d.-rel. —La Véritable religion des Hollandois, avec une apologie pour la religion des Estats-Généraux des Provinces Unies..., par J. Brun. Et le Conseil d'extorsion, ou la Volerie des François exercée en la ville de Nimègue. *Amst., Abr. Wolfgank,* 1675, pet. in-12, 2 part. en 1 vol., v. br.

38. Ratio disciplinæ unitatis fratrum A. C., ou Fondement de la croyance des Frères évangéliques de la confession d'Augsbourg. 1789. Pet. in-8, bas. j. *(En allem.)*

39. Vol. in-4, v. m., fil., contenant : Lettres de Trasybule à Leucippe, par Fréret.—Fable des abeilles. — Réflexions sur l'existence de l'ame et sur l'existence de Dieu. —Traité de la liberté. —Sentimens des philosophes sur la nature de l'ame humaine. — Opinion des anciens sur la nature de l'ame.

Ms. moderne.

40. De la Fausseté des miracles des deux Testamens. *Londres (Holl.),* 1775.=Christianisme dévoilé, ou Examen des principes et des effets de la religion chrétienne. *Ibid.,* 1776, in-12, bas. j.—Histoire de Samuël, inventeur du sacre des rois, trad. de l'angl. (ouvrage de Volney). *Paris, Bossange frères,* 1820, in-12, pap. vél., br.

41. Zend-Avesta, ouvrage de Zoroastre, contenant les

idées théologiques, physiques et morales de ce législa-
teur, trad. en françois sur l'original Zend, par Anquetil
du Perron. *Paris, Tilliard,* 1771, in-4, fig., 2 tom. en
3 vol., v. éc., fil.

42. L'Ezour-Vedam, ou ancien commentaire du Vedam,
trad. du samcretan par un brame (composé par de Sainte-
Croix). *Yverdon, de Felice,* 1778, in-12, 2 tom. en
1 vol., bas. m.

43. L'Alcoran de Mahomet, translaté d'arabe en franç.
par Du Ryer. *Suivant la copie imprimée à Paris (Holl.,
Elzevier),* 1649, pet. in-12, v. br.

44. Le Coran, trad. de l'arabe, accompagné de notes et précédé d'un abrégé de la vie de Mahomet, par Savary. *Paris, Knapen,* 1783, in-8, 2 vol., d.-rel.

JURISPRUDENCE.

45. De l'Esprit des loix (par Montesquieu). *Leyde,* 1749,
in-4, 2 tom. en 1 vol., bas. m., fil.

46. Le même. *Genève (Lyon),* 1777, in-24, 4 vol., mar.
r., fil., tr. dor.

47. La Science de la législation, par G. Filangieri, trad.
de l'italien (par Gallois). *Paris, Dufart,* an VII, in-8,
7 vol., v. porph., fil.

48. Sam. Puffendorfii de jure naturæ et gentium Libri VIII.
Amstel., Ab. Hoogenhuysen, 1688, in-4. vél.

49. Hug. Grotii de jure belli ac pacis Libri III, cum
notis. *Amstel., Janssonio-Waesbergii,* 1680, in-8,
v. br.

50. Essay sur les principes du droit et de la morale, par
D'Aube, in-fol., v. br.

> Ms. original, sur le dernier feuillet duquel sont deux attestations des
> plus honorables sur l'ouvrage de D'Aube, l'une datée du mois d'août
> 1739, de la main de l'avocat général d'Aguesseau ; et l'autre, s. d., de
> la main de l'avocat général Gilbert de Voisins.

51. Histoire du Jury, par M. Aignan. *Paris, Eymery,*
1822, in-8, d.-rel. — La Bastonnade et la Flagellation
pénales, chez les peuples anciens et modernes, par Lan-
juinais. *Paris, Baudouin frères,* 1825, gr. in-18, pap.
vél., br.

52. Précis historique et chronologique sur le Droit romain, avec des notes et des éclaircissemens, trad. de l'angl. de Schomberg, par A. M. Boulard. *Paris, Maradan,* 1808, in-4, br.

53. Corpus Juris civilis. *Amstelod., Jo. Blaeu, et Lud. et Dan. Elzevirii,* 1664, in-8, 2 vol., v. br.

54. Justiniani Institutionum juris civilis Expositio methodica. Fr. Lorry Opus posthumum. *Parisiis,* 1757, gr. in-4, v. m.

55. De la Législation sur le mariage et sur le divorce, par A. Nougarède. *Paris, Le Normant,* 1802. — Analyse d'un ouvrage intitulé : du Divorce, au XIXe. siècle, relativement à l'état public de la société, in-8, v. rac., fil., tr. dor.

56. Lois des familles, ou Essais sur l'histoire de la puissance paternelle et sur le divorce; 2e. édition, augmentée d'un Essai sur la filiation légitime, par Nougarède. *Paris, Le Normant,* 1814, in-8, pap. vél., cart. à la Bradel.

57. Lois du mariage et du divorce, depuis leur origine dans le droit romain, par le même. *Paris, Le Normant,* 1816, in-8, v. f., fil.

58. Jurisprudence du mariage, conférée avec le droit romain, le droit canonique et le droit français antérieur au Code civil, et Aperçu des changemens qu'elle doit éprouver par l'abolition du divorce, par le même. *Paris, Le Normant,* 1817, in-8, d.-rel., dos de mar. r., pap. mar., dent.

59. Histoire des lois sur le mariage et sur le divorce, depuis leur origine dans le droit civil et coutumier jusqu'à la fin du XVIIIe. siècle, par le même. *Paris, Le Normant,* 1823, in-8, 2 vol., v. gr., dent., tr. dor.

60. Ordonnances des rois de France de la troisième race, recueillies par ordre chronolog., par de Laurière, Bréquigny et M. Pastoret, avec la table des 9 prem. vol. *Paris,* 1723-1828, in-fol., 19 vol., v. m. *Le tome 18 broché.*

61. Recueil des réglemens généraux et particuliers concernant les manufactures et fabriques du royaume, et supplément de 1669 à 1741. *Paris, I. R.,* 1730 *et années suiv.,* in-4, 7 vol., br. en cart.

62. Dictionnaire raisonné des eaux et forêts, par Chailland. *Paris, Ganeau,* 1769, in-4, 2 vol., bas. m.

63. Les Loix des bâtimens, suivant la coutume de Paris, enseignées par Desgodets, avec les notes de Goupy. *Paris, Brocas,* 1777, in-8, v. m.

64. Collection générale des lois, proclamations, instructions et autres actes du pouvoir exécutif, avec tables chronologiques et des matières, depuis la convocation des Etats-Généraux jusqu'au 18 prairial an 11. *Paris,* 1792-l'an 111, in-4, 18 tom. en 23 vol., d.-rel.

65. Bulletin des lois, depuis son origine au 28 prairial an 11, 1re. série, 6 vol.; 2e. série, 9 vol.; 3e. série, 10 vol.; 4e. série (nos. 1 à 549), 19 vol. *Le 20e. manque, ainsi que les 3 vol. de la 5e. série.* Les 44 vol. ci-dessus en d.-rel.; les 6e. et 7e. séries et les 10 prem. vol. de la 8e. en cahiers. *Il manque au tome 17 de la 7e. série le* n°. 615.

On vendra, à la suite de ce n°., des paquets de diverses années du Bulletin des lois, dont plusieurs ne sont point entièrement complètes.

66. Dictionnaire de législation, ou Table alphabétique des lois rendues depuis 1789 jusqu'au 1er. vendémiaire an x. *Paris, Rondonneau,* an viii, in-8, 8 tom. en 4 vol., d.-rel. —Table des lois, arrêtés et circulaires, depuis le régime constitutionnel jusqu'au 1er. vendémiaire an viii, par Chambon. *Paris,* an viii, in-8, d.-rel.

67. Projet de Code civil. *Paris, impr. de la Rép.,* an ix, 1 vol.—Observations des tribunaux d'appel sur le projet de Code civil, an x, 3 vol.=Conférence des observations des tribunaux d'appel sur le même projet. *Paris, impr. de la Républ.,* ans ix et x, 4 part. en 3 vol.—Observations du tribunal de cassation sur le projet de Code civil. *Paris,* an x, 1 vol.; les 8 vol. in-4, br. en cart.

68. Procès-verbaux du Conseil d'état, contenant la discussion du projet de Code civil. *Paris, impr. de la Rép.,* 1803 et 1804, in-4, 5 vol., br. en cart.

69. Observations sur le projet de Code civil, par Garnier Deschesnes. *Paris, Mme. Huzard,* an ix, in-8, br. — Traité élémentaire du notariat, par le même. *Paris, Doublet,* 1807, in-8, br.

70. Projet de Code civil, avec les discussions, les rapports et les discours des orateurs du Gouvernement. *Paris,* an ix, in-8, 7 vol., d.-rel.—Code de procédure civile,

avec l'exposé des motifs et les discours des orateurs du Gouvernement. *Paris,* 1806, in-8, 2 vol., d.-rel.

71. Code civil des François. Texte, motifs et discours, avec table (publiés par M. Favart de Langlade). *Paris, F. Didot,* 1804, in-8, 8 vol., d.-rel.

72. Conférence du Code civil, avec la discussion du Conseil d'état et du Tribunat, avant la rédaction définitive de la loi, publiée par un jurisconsulte (M. Favart de Langlade). *Paris, F. Didot,* 1805, in-8, 8 vol., d.-rel.

73. Projet de Code de procédure civile, et Observations des Cours d'Appel sur ce projet. *Paris, I. I.,* 1806, in-4, 3 vol., br. en cart.

74. Code civil des Français. *Paris, impr. de la Républ.,* an XII-1804, 1 vol. —Code de procédure civile. *Paris, I. I.,* 1806, 1 vol. ; les 2 vol. in-4, br. en cart.

75. Projet de Code de commerce, et Observations des tribunaux de Cassation et d'Appel sur ce projet. *Paris, impr. de la Républ.,* an XI, in-4, 5 vol., br. en cart.

76. Code de commerce, et Exposé des motifs par les orateurs du Gouvernement. *Paris, Hacquart,* 1807. in-8, 2 part. en 1 vol., bas. rac.—Code des délits et des peines, et Exposé des motifs par les orateurs du Gouvernement. *Paris, Hacquart,* 1810, in-8, bas. rac.

77. Projet de Code criminel, et Observations des tribunaux criminels sur ce projet. *Paris, I. I.,* an XIII, in-4, 8 tom. en 5 vol., br. en cart.

78. Projet de Code rural. *Paris, I. I.,* 1808, in-4, br.— Observations des commissions consultatives sur le projet de Code rural, recueillies, mises en ordre et analysées, avec un plan de révision du même projet, par Deverneilh. *Paris, I. I.,* 1810, in-4, 2 vol., br. en cart.

79. Projet de Code rural et de Code forestier, par M. Ardant. *Paris, Testu,* 1819, in-8, br.—Code forestier et Code de la pêche fluviale, avec l'exposé des motifs, la discussion des deux Chambres et des observations sur les articles, par M. Brousse. *Paris, V^e. Béchet,* 1829, in-8, 2 vol., br.

80. Manuel de Droit français, par Paillet. *Paris, Lefèvre,* 1812, in-8, mar. r., dent., doublé de moire, tr. dor.

81. Manuel pour l'ouverture et le partage des successions,

par M. Favart de Langlade. *Paris, Nève,* 1811, in-8, pap. vél., mar. r., dent., d. de moire, tr. dor.

82. Explication du Code civil, d'après les motifs exprimés dans les discours des orateurs du Gouvernement et du Tribunat, avec la solution des questions qui peuvent naître du texte des articles, par Bousquet. *Avignon, J.-J. Niel,* 1804-1806, in-4, 5 vol., br.

Avec la signature de l'auteur.

83. Des Conseils de famille, avis de parens, tutelles et curatelles, par le même. *Paris, Garnery,* 1813, in-8, 2 vol., mar. r., dent., tr. dor.

84. Traité du voisinage, considéré dans l'ordre judiciaire et administratif, et dans ses rapports avec le Code civil, par Fournel; 4e. édition augmentée par M. Tardif. *Paris, B. Warée,* 1827, in-8, 2 vol., br.

85. Traité théorique et pratique des lettres de change et autres effets de commerce, par A. Schiebé. *Strasbourg, Levrault,* 1819, in-8, br.—Jurisprudence commerciale et municipale, par M. A. C. Guichard. *Paris, Renard,* 1820, in-8, br.—Questions possessoires, par le même. *Paris, l'Auteur,* 1827, in-8, br.

86. Aperçu sur les procès d'ordre, par l'exposé des motifs sur la question de savoir : Si le juge-commissaire dans le procès-verbal de collocation, peut faire des discussions sur le fond des demandes des créanciers produisans, par F. Toscan. *Turin, impr. Appiano,* 1812, in-8, br.

87. Recueil alphabétique des questions de droit, par M. Merlin. *Paris, Garnery,* 1810, in-4, 5 vol., mar. r., dent., doubl. de moire, tr. dor.

88. Statuts, Décrets impériaux relatifs à l'établissement des titres héréditaires, arrêtés et avis du Conseil du sceau des titres, depuis le 1er. mars 1808. Recueil destiné uniquement à l'usage des membres de ce Conseil. *Paris, I. I.,* 1810, in-8, d.-rel.

89. Élémens de l'administration pratique, par M. Lalouette. *Paris, l'Auteur,* 1812, in-4, pap. vél., rel. à la Bradel.

90. Instruction générale sur les devoirs ou fonctions des maires et autres fonctionnaires municipaux, précédée d'un Traité de l'organisation municipale, par M. le baron Lagarde. *Paris, Chauvay,* 1827, in-8, br.

91. Rapport fait sur le droit de marque des cuirs, par un

Conseiller d'état (Dupont de Nemours). *Paris, V^e. Gou-jon*, 1804, in-8, br.

92. Législation et Jurisprudence françaises, ou Répertoire général et historique, analytique et raisonné des lois, des réglemens et décrets impériaux, des avis du Conseil d'état, de ses décisions en matière contentieuse et de conflit, des arrêts de la Cour de cassation, des Cours d'appel, etc., publié par Locré. *Paris, I. I.*, 1807, in-8, bas. rac.

93. Compte général de l'administration de la justice criminelle, pendant les années 1825, 1826 et 1827. *Paris, I. R.*, 1826-28, gr. in-4, 3 part. en 1 vol., d.-rel., dos de v. f. ant.

94. Recueil de causes célèbres, rédigé par P. Lebrun. *Paris, Le Normant*, 1803, in-12, 8 vol., bas. m.

95. Mémoires de Caron de Beaumarchais. (*Paris, Clousier*), 1775, in-8, 2 vol., bas. m.

96. Divers mémoires à consulter : 1°. pour et contre de Beaumarchais, dans son procès avec Goezman et autres; 2°. pour et contre Linguet, au sujet de sa radiation du tableau des avocats, etc., in-4, d.-rel.

97. Plaidoyers choisis et œuvres diverses de M. Delamalle. *Paris, J. Renouard*, 1827, gr. in-8, pap. vél., 4 vol., br.

98. 19 vol. in-4 et in-8, contenant environ 250 mémoires et consultations dans des affaires administratives et judiciaires.

99. Procès instruit par la Cour de justice criminelle et spéciale du département de la Seine, contre Georges, Pichegru et autres, recueilli par des sténographes. *Paris, C.-F. Patris*, 1804, in-8, 8 vol., d.-rel., dos de mar. vert.

Avec les portraits.

100. Mémoire au Roi, pour Jos. Lesurques, condamné à mort, et exécuté le 30 octobre 1796, par M. J.-B. Salgues. 1822, 1 vol.—Réfutation du rapport de M. le baron Zangiacomi, ou Supplément au mémoire justificatif de Jos. Lesurques, par le même. *Paris, J.-G. Dentu*, 1823, 1 vol. ; les 2 vol. in-8, br.—Procès de P.-L. Fort, accusé de tentative d'assassinat et de soustraction. *Paris, Warée fils aîné*, 1825, in-8, br.

101. Prontuario de las Leyes y decretos del D. Jos. Na-
poleon I (1808-1811). *Madrid, I. R.*, 1810-1812, pet.
in-4, 3 vol., mar. r., fil., doubl. de moire, tr. dor.

102. Mémoire et Consultation sur les biens de la maison
de T'serclaés-Tilly. *Bruxelles*, 1784, in-4, pap. de
Holl., mar. r., fil., tr. dor. — Trois mémoires pour
Mad. de Lannoy, l'une des filles du duc Guil.-Jos. de
Looz-Corswarem, contre Arm.-J.-Fr. Séguin et autres.
Bruxelles, Le Duc, 1811, in-4, d.-rel., dos et coins de
mar. v.

103. Commentaires sur les loix angloises, de Blackstone,
trad. de l'angl. par D. G*** (de Gomicourt). *Bruxelles,
de Boubers*, 1774-76, in-8, 6 vol., bas. j.

104. Ta-Tsing-Leu-Lée, ou les Lois fondamentales du
Code pénal de la Chine, trad. du chinois, avec un
appendix et des notes, par G.-Th. Staunton, mis (de
l'angl.) en franç., avec des notes, par M. Felix Renouard
de Sainte-Croix. *Paris, Le Normant*, 1812, in-8, 2 vol.,
d.-rel.

105. Opinion, d'après les lois juives, sur la question sui-
vante : La juridiction chrétienne peut-elle annuler des
conventions d'hérédité anciennement et valablement
stipulées par des juifs mariés, dans un testament institué
d'après les lois chrétiennes? Par D. Ger. Enchsen.
Rostod., Erben, 1806, in-4, d.-rel.

Hommage de l'auteur à M. Daru.

106. Précis historique des opinions et actes du clergé,
contre la puissance temporelle, avant et après sa célèbre
déclaration du 19 mars 1682, jusqu'à la loi du 25 février
1810. *Paris, Le Normant*, 1812, in-8, pap. vél., d.-rel.,
pap. mar., dent., tr. dor.

107. Libertés de l'église gallicane, suivies de la déclaration
de 1682, avec une introduction et des notes, par
M. Dupin. *Paris, Baudouin*, 1824, in-12, br.

SCIENCES ET ARTS.

I. *Traités généraux, Philosophie, Morale, Éducation.*

108. Encyclopédie, ou Dictionnaire raisonné des sciences,

des arts et des métiers, par une société de gens de lettres; mis en ordre par Diderot et d'Alembert, avec une
table raisonnée (par Mouchon). *Paris,* 1751-1780,
in-fol., fig., 35 vol., v. m.

109. L'Érudition universelle, ou Analyse abrégée de
toutes les sciences, des beaux-arts et des belles-lettres,
par de Bielfeld. *Berlin,* 1768, in-12, 4 vol., bas. m.

110. Introduction à l'analyse des sciences, par P.-F. Lan-
celin. *Paris, Bossange,* 1801 et 1802, in-8, 3 part. en
2 vol., d.-rel.

111. Encyclopédie progressive, ou Collection de traités
sur l'histoire, l'état actuel et les progrès des connaissances humaines, par une société de gens de lettres. *Paris,* 1826, in-8, br. (1re. et 2e. livraisons).

112. Bibliothèque des anciens philosophes, trad. par Dacier et Grou. *Paris,* 1771, in-12, 9 vol., v. éc., fil. —
La République de Platon (trad. par Grou). *Ibid.,* 1762,
in-12, 2 vol., v. m.—Le Manuel d'Epictète, et les Commentaires de Simplicius, trad. en fr., avec des remarques, par Dacier. *Ibid.,* 1715, in-12, 2 vol., v. m.

113. OEuvres de Platon, trad. par M. Victor Cousin. *Paris, Bossange frères,* 1822-1827, in-8, br. *Les tomes* 1,
2, 3, 5.

114. Platonis Philosophia de Deo, gr., è dialogis ejusdem
excerpta et in ordinem redacta, auctore Lud. Horstel.
Lipsiæ, Dykius, 1804, in-8, d.-rel. — Theophrasti
Characteres ethici gr. et lat., P. Needham recensuit.
Lipsiæ, ex offic. Crugianá, 1751, pet. in-8, v. j.

115. Les Caractères de Théophraste (trad. du grec) et les
Caractères de La Bruyère, avec des notes par Coste.
Paris, Hochereau, 1765, gr. in-4, portr., v. m.

116. M. T. Ciceronis Tusculanarum disputationum libri V,
cum commentario Jo. Davisii. *Cantabr., Crownfield,*
1730, in-8, bas. f., à compart.

117. M. T. Cicero de Officiis. *Lutetiæ, Jos. Barbou,* 1783,
in-64, mar. r., fil., tr. dor.

118. L. Ann. Senecæ philos. Opera omnia, ex ultimâ
J. Lipsii emendatione, et M. Ann. Senecæ rhet. quæ
extant. *Amsterod., Cæsius,* 1628, pet. in-12, réglé,
mar. citr., fil., tr. dor.

119. Eadem Senecarum Opera omnia. *Lugd.-Batav., Elzevirii,* 1650, pet. in-12, 3 vol., v. f., fil. —Joh.-Fr.

Gronovii ad Senecas Notæ. *Ibid., ex offic. Elzevir.,*
1649, pet. in-12, v. br.

120. Œuvres de Sénèque le philosophe, trad. en franç.
avec des notes, par La Grange. *Paris, Smits, an* III,
in-8, 6 vol., d.-rel., dos de mar. vert.

121. L. Ann. Senecæ et P. Syri Mimi, singulares sententiæ, C aliquot versibus auctæ, cum notis J. Gruteri,
et novâ versione græcâ Jos. Scaligeri. *Lugd.-Batav.,*
Joh. du Vivie, 1708, in-8, v. f., fil.

122. Dissertations de Maxime de Tyr, trad. avec des notes,
par J.-J. Combes-Dounous. *Paris, Bossange,* 1802,
in-8, 2 vol., bas. rac.

123. Les Essais de Mich. de Montaigne. *Amst.,* 1781,
pet. in-8, 3 vol., d.-rel.

124. Notices et Observations pour préparer et faciliter la
lecture des Essais de Montaigne, par Vernier. *Paris,*
Testu, 1810, in-8, 2 vol., br.

125. De la Sagesse, trois livres, par P. Charron. *Suivant*
la vraye copie de Bourdeaux, Amst., L. et Dan Elzev.,
1661, pet. in-12, v. f., fil., tr. dor.

126. De la Sagesse, trois livres, par P. Charron. *Londres,*
1769, pet. in-12, 2 vol., v. m.

127. Essais dans le goût de ceux de M. Montagne, ou Loisirs d'un ministre d'État (par d'Argenson). *Paris,*
Buisson, 1788, in-8, mar. r., dent., tr. dor.

128. Philosophie de la nature, par Delisle de Sales. *Paris,*
1804, in-8, 10 vol., br.

129. Cours de philosophie générale, par M. Azaïs. *Paris,*
A. Boulland, 1824, in-8, 8 vol., br.

130. Explication universelle, par le même. *Paris, l'Au-*
teur, 1826 et 1828, in-8, 4 tomes en 3 vol., br.

131. Réflexions et Maximes, par M. de Lingrée. *Paris,*
J. Didot, 1827, in-12, gr. pap. vél., br. — Maximes et
Réflexions morales de M. P. Didot l'aîné. *Paris, De-*
launay, 1829, in-18, pap. fin, cart. à la Bradel.

132. Traité de la connoissance des hommes, divisé en trois
parties : 1°. de la connoissance des hommes en général ;
2°. des hommes considérés par rapport aux talens de
l'esprit ; 3°. des hommes considérés par rapport aux
qualités du cœur. In-4, réglé, mar. r., fil., tr. dor.

Ms. du siècle dernier.

133. Encyclopédie morale, contenant les devoirs de l'homme en société, trad. de l'angl. par Mme. de Rivarol. *Paris, Favre,* 1803, in-12, v. rac., fil., tr. dor.

134. Essais sur la nécessité et sur les moyens de plaire (par Moncrif). *Paris, Prault fils,* 1738, in-12, tiré sur format in-8, pap. fort, v. m.

135. La Férule virtuelle, ou Censure sévère et impartiale de diverses graves erreurs sociales, mêlée d'épisodes inhérentes aux sujets, par Ch.-L. Rondeau. In-4, rel. en cart., pap. mar. r.

Ms. moderne.

136. Elnathan, ou les Ages de l'homme, trad. du chald. par A. Barthès-Marmorieres. *Paris, Maradan,* 1802, in-8, 3 tom. en 2 vol., d.-rel.

137. Du Perfectionnement moral, ou de l'Éducation de soi-même, par M. Degerando. *Paris, Renouard,* 1824, in-8, 2 vol., br.

138. Un second exempl., d.-rel.

139. De M. Jos. Droz : Essai sur l'art d'être heureu. *Paris, Renouard,* 1825, in-18, br. — De la Philosophie morale, ou des Différens systèmes sur la science de la vie. *Paris, Renouard,* 1823, 2 vol. — Applications de la morale à la politique. *Ibid.,* 1825, 1 vol. — Économie politique, ou Principes de la science des richesses. *Ibid.,* 1829, 1 vol. ; les 3 vol. in-8, br.

140. De l'Amour (par L.-A.-C. Bombet). *Paris, P. Mongie,* 1822, in-12, 2 vol., br.

141. L'Art d'embellir la vie et de fixer le bonheur, par P.-M.-F. de Bazillac. *Paris, V^e. Perronneau,* 1817, in-12, 2 vol., br. — Du Courage civil, et de l'Éducation propre à inspirer les vertus publiques, par M. Corne. *Paris, Gayet,* 1828, in-8, br.

142. Conseils de morale, ou Essais sur l'homme, les mœurs, les caractères, etc., par Mme. Guizot. *Paris, Pichon et Didier,* 1828, in-8, 2 vol., br.

143. Simon de Nantua, ou le Marchand forain, par L.-P. de Jussieu. *Paris, L. Colas,* 1818, in-12, br. — Histoire de Michel Lambert, ou de l'Influence de l'économie domestique, par M****. *Paris, Sautelet,* 1828, in-8, br.

144. De la Nature des sciences morales, ou de la Raison et de la Conscience dans leurs rapports avec la loi et le

précepte, par T. M. Curel. *Paris, P. Dufart,* 1829, in-8, br.—De la Charité dans ses rapports avec l'état moral et le bien-être des classes inférieures de la société, par M. T. Duchâtel. *Paris, A. Mesnier,* 1829, in-8, br.

145. Calila et Dimna, ou Fables de Bidpai, en arabe, précédées d'un mémoire sur l'origine de ce livre et sur les diverses traductions qui en ont été faites dans l'Orient, et suivies de la Moallaka de Lébid, en arabe et en français (avec des notes), par M. Silvestre de Sacy. *Paris, I. R.,* 1816, in-4, br. en cart.

146. Pend-Namèh, ou le Livre des conseils, traduit du persan de Férid-Eddin Attar, trad. et publié par M. Silvestre de Sacy. *Paris, I. R.,* 1819, in-8, d.-rel., dos de v. f.

147. Le Spectateur, ou le Socrate moderne, trad. de l'angl. (de Steele, Addison et autres).. *Paris, Merigot,* 1755, in-4, 3 vol., v. m.

148. De l'Instruction, par F.-C. Turlot. *Paris, Maradan,* 1819, in-12, pap. vél., br.

149. Lettres sur les études, ou Conseils à un jeune homme qui veut perfectionner son éducation, par Delpierre (du Tremblay). *Paris, Debray,* 1808, in-12, pap. fort, br. en cart.—Cours théorique d'instruction élémentaire, applicable à toute méthode d'enseignement, et spécialement à la méthode d'enseignement mutuel, par M. Butet. *Paris, Everat,* 1818, in-8, rel. à la Bradel.

150. Lettres (XIII) sur l'éducation. Gr. in-4, d.-rel.

Ms. du commencement du xviiie. siècle.

151. Essai général d'éducation, par M. A. J. (Julien). *Paris, F. Didot,* 1808, in-4, br.—Essai sur l'emploi du temps (par le même). *Paris, F. Didot,* 1810, in-8, br.

152. De M. d'Hauterive : Conseils à des surnuméraires. In-8, br. en cart. — Quelques conseils à un jeune voyageur. In-8, br. en cart.

Rares, tirés à petit nombre, destinés exclusivement aux jeunes employés de la chancellerie des affaires étrangères.

153. Adèle et Théodore, ou Lettres sur l'éducation (par Mme. de Genlis). *Paris, Lambert,* 1782, in-8, fig., 3 vol., v. m.

154. Éducation domestique, ou Lettres de famille sur

l'éducation, par Mme. Guizot. *Paris, A. Leroux,* 1826, in-8, 2 vol., d.-rel., dos de v. f.

155. Instruction pour les jeunes dames qui entrent dans le monde et se marient, par Mme. Le Prince de Beaumont. *Lyon, Béguillat,* 1764, in-12, 4 part. en 3 vol., bas. m.

156. Essai sur l'éducation des femmes, par Mme. de Rémusat. *Paris, Ladvocat,* 1825, in-8, d.-rel.

157. De l'Éducation, par Mme. de Campan ; suivi des Conseils aux jeunes filles, publié avec une introduction, par M. Barrière. *Paris, Baudouin frères,* 1824, in-12, 3 vol., d.-rel., dos de v.

II. *Métaphysique.*

158. Ren. Descartes Principia philosophiæ. Ejusd. Specimina philosophiæ, seu dissertatio de methodo rectè regendæ rationis..., Dioptrice et meteora, ex gallico translata... *Amstel., Lud. et Dan. Elzevirii,* 1656, in-4, v. br.

159. Epistola Ren. Descartes ad D. Gisb. Voetium, in quâ examinantur II libri, unus de confraternitate mariânâ, alter de philosophiâ cartesianâ. *Amsterod., Lud. Elzev.,* 1643, pet. in-12, v. f. *Aux armes de De Thou.*

160. De la Recherche de la vérité, par N. Malebranche. *Paris, M. David,* 1712, in-12, gr. pap., 4 vol., v. f.

161. Essai philosophique concernant l'entendement humain, trad. de l'angl. de Locke par Coste. *Amst., J. Schreuder,* 1755, in-4, v. éc., fil.

162. De l'Esprit (par Helvétius). *Paris, Durand,* 1758, in-4, v. m., fil.

163. Esquisses de philosophie morale, trad. de l'angl. de Dugald Stewart par M. Th. Jouffroy. *Paris, A. Johanneau,* 1826, in-8, br.

164. Leçons de philosophie sur les principes de l'intelligence, par M. Laromiguière. *Paris, Brunot-Labbe,* 1826, in-8, 2 vol., br.

165. Essai sur la poésie et sur la musique, considérées dans les affections de l'âme, trad. de l'angl. de J. Beattie.

Paris, H. Tardieu, an VI, gr. in-8, pap. de Holl.,
d.-rel.

166. Doctrine des rapports du physique et du moral, avec
des notes, par M. F. Bérard. *Paris, Gabon,* 1823, in-8,
rel. à la Bradel.

167. Physiologie des passions, ou Nouvelle doctrine des
sentimens moraux, par M. J.-L. Alibert. *Paris, Béchet.
jeune,* 1826, in-8, fig., 2 vol., cart. à la Bradel, pap.
mar., dent.

168. Philosophie physiologique, politique et morale, par
M. Girou de Buzareingues. *Paris, F. Didot,* 1828, in-8,
pap. vél., br.

169. Le Comte de Gabalis, ou Entretiens sur les sciences
secrètes. *Paris, Cl. Barbin,* 1671, pet. in-12, bas. —
Curiositez inouyes sur la sculpture talismanique des
Persans, horoscope des patriarches et lecture des estoilles,
par J. Gaffarel, 1637. Pet. in-8, fig., parch.

170. Livre merveilleux, contenant en bref la fleur et
substance de plusieurs traittez, tant des prophéties et
révélations, qu'anciennes chroniques, faisant mention
de tous les faictz de l'Église universelle, comme des
schismes, discordes et tribulations advenir en l'Eglise
de Rome et d'un temps au quel on ostera et tollira aux
gens d'eglise et clergé, leurs biens temporels, tellement
qu'on ne leur laissera que leur vivre et habit nécessaire;
item fait aussi mention des souverains et papes qui
après regneront et gouverneront l'Eglise, et specialement
d'un pape qui sera appellé pasteur evangelique et d'un
roi de France nommé Charles, sainct homme... *Item,*
du temps du grand et du dernier antéchrist..., revu par
MM. de la Faculté de théologie de Paris. *Paris, G.
Guillard,* 1565, pet. in-8, parch.

171. Les Vrayes centuries et prophéties de maistre Mich.
Nostradamus, avec la vie de l'autheur. *Rouen, J.-B.
Besongne,* 1689, in-12, fig. en bois, parch.

172. Fantasmagoriana, ou Recueil d'histoires d'apparitions,
trad. de l'allem. par un amateur. *Paris, F. Schœll,*
1812, in-12, 2 vol., d.-rel.

III. *Politique.*

173. La Politique d'Aristote, ou la Science des gouverne-

mens, trad. du grec, avec des notes, par Champagne. *Paris, Bailleul,* 1797, in-8, pap. vél., 2 vol., v. rac., fil.

174. Le Prince de Nicolas Machiavel, trad. et commenté par A. Amelot de la Houssaie. *Amst., H. Wetstein,* 1683, in-12, bas. f. — Machiavel, ou Morceaux choisis de cet écrivain, on y a joint une traduction nouvelle et complète du Prince, par Léon H. (Halevy). *Paris, Hubert,* 1822, in-18, 2 vol., br.

175. Les VI livres de la République de J. Bodin. *Paris, Jac. du Puys,* 1578, in-fol., parch.

176. L'Ordre naturel et essentiel des sociétés politiques (par Le Mercier de la Rivière). *Paris, Desaint,* 1767, in-4, v. m.

177. Institutions politiques, par le baron de Bielfeld. *La Haye, P. Gosse,* 1760, in-4, 2 tom. en 1 vol., v. br.

178. Pensées et Observations morales et politiques pour servir à la connoissance des vrais principes du Gouvernement, avec des notes, par Sabatier de Castres. *Vienne, R. Sammer,* 1794, très gr. in-8, 2 vol., bas. rac.

179. Lettres de Junius, trad. de l'angl. (par Varney). *Paris, Gueffier,* 1791, in-8, 2 part. en 1 vol., v. rac., fil.

180. Le Conseiller d'estat, ou Recueil des plus générales considérations servant au maniement des affaires publiques (par de Béthune). *Paris, Est. Richer,* 1633, in-4, v. f., fil.

181. Maximes d'état, ou Testament politique du card. duc de Richelieu (avec préface et notes de Marin). Lettre sur le testament... (par de Foncemagne). *Paris, Lebreton,* 1764, in-8, 2 vol., v. m.

182. Considérations politiques sur les coups d'estat, par Gabr. Naudé. (*Holl., à la Sphère*), 1667, pet. in-12, vél.

183. La Politique naturelle, ou Discours sur les vrais principes du gouvernement, par un ancien magistrat (d'Holbach). *Londres,* 1773, in-8, 2 tom. en 1 vol., v. m.

184. Principes de politique, applicables à tous les gouvernemens représentatifs, par M. Benj. Constant. *Paris, Eymery,* 1815, in-8, br. — Des Proscriptions, par

M. Bignon. *Paris, Brissot-Thivars,* 1819 et 1820, in-8, 2 vol., d.-rel., dos de v. f. ant.

185. De la Propriété politique et civile, par G.-Jac. Dageville aîné. *Paris, Delaunay,* 1813, in-8, v. rac., fil., tr. dor.

186. Réfutation de la Doctrine de Montesquieu, sur la balance des pouvoirs, et aperçus divers sur plusieurs questions de droit public. *Paris, V^e. Peronneau,* 1816, in-8, br.—De l'Équilibre du pouvoir en Europe, trad. de l'angl. de G. Francis Leckie, par W. *Paris, Maradan,* 1819, in-8, d.-rel., dos de v. ant.

187. Des Communes et de l'Aristocratie, par M. de Barante. *Paris,* 1821, in-8, d.-rel.—De l'Aristocratie considérée dans ses rapports avec les progrès de la civilisation, par M. H. Passy. *Paris, Ad. Bossange,* 1826, in-8, br.

188. Théorie des gouvernemens, ou Exposition simple de la manière de les organiser et les conserver en Europe, par M. de Beaujour. *Paris, F. Didot,* 1823, in-8, 2 vol., d.-rel., dos de v. f.

189. Traité de législation, ou Exposition des lois générales suivant lesquelles les peuples prospèrent, dépérissent ou restent stationnaires, par M. Ch. Comte. *Paris, A. Sautelet,* 1826 et 1827, in-8, 4 vol., br.

190. Traité d'économie politique, par J.-B. Say. *Paris, Déterville,* 1803, in-8, 2 vol., d.-rel.

191. Le même, 5e. édit. *Paris, Rapilly,* 1826, in-8, 3 vol., br.

192. Recherches sur la nature et les causes de la richesse des nations, trad. de l'angl. de A. Smith, avec des notes, par G. Garnier. *Paris, H. Agasse,* 1802, in-8, pap. vél., 5 vol., cart. à la Bradel.

193. Élémens d'économie politique, suivis de quelques vues sur l'application des principes de cette science aux règles administratives. *Paris, Fantin,* 1817, in-8, d.-rel. —Principes d'économie politique, par M. A. de Carrion-Nisas fils. *Paris, Raymond,* 1825, in-12, br.

194. Bienfaits de la religion chrétienne, ou Histoire des effets de la religion sur le genre humain, chez les peuples anciens et modernes, trad. de l'angl. d'Ed. Ryan par A.-M. Boulard. *Paris, Égron,* 1823, in-8, br. —De l'Importance des opinions religieuses, par Necker. *Lyon, Regnault,* 1788, in-8, v. m.—Idee sulle opinioni reli-

giose e sul clero cattolico (di Melchiore Gioja). *Milano,*
anno VIII (1800), in-12, br.

Avec envoi signé de l'auteur.

195. Théorie élémentaire de la statistique, par D. F.
Donnant. *Paris, Valade,* 1805, gr. in-8, pap. vél., br.
en cart.

196. Arithmétique politique, trad. de l'angl. d'Young
par Fréville. *La Haye, P.-Fr. Gosse,* 1775, in-8,
2 vol., v. m.

197. L'Ami des hommes, ou Traité de la population et
Théorie de l'impôt (par de Mirabeau père et Quesnay).
Avignon (Paris), 1758-1760, in-4, 7 part. en 4 vol.,
v. éc., fil.

198. Recherches et Considérations sur la population de
France, par Moheau. *Paris, Moutard,* 1778, in-8,
2 tom. en 1 vol., v. m.

199. Analyse et Tableaux de l'influence de la petite vérole
sur la mortalité à chaque âge, et de celle qu'un préser-
vatif tel que la vaccine peut avoir sur la population et
la longévité, par E. Duvillard. *Paris, I. I.,* 1806, gr.
in-4, br.

200. De l'Influence de la révolution française sur la population, par Robert. *Paris, Allut et Crochard,* 1802,
in-12, 2 tom. en 1 vol., d.-rel.

201. Rapport fait au Conseil général des hospices, par un
de ses membres, sur l'état des hôpitaux, des hospices et
des secours à domicile à Paris, de janvier 1804 à
janvier 1814. = Administration des hôpitaux de la ville
de Paris. Situation de l'exercice de 1817 au 31 mars
1818, et de 1818 au 31 mars 1819. = Résumé des
comptes moraux et administratifs des hôpitaux et hospices de Paris pour 1815, 1816, 1817 et 1818, et
Comptes généraux et Comptes sommaires de 1817 à
1820, in-4, d.-rel.

202. Résumé des comptes moraux et administratifs des
hôpitaux et hospices de Paris, pour 1817. Administration
des hôpitaux et hospices civils de Paris..., pour 1821,
1822 et 1823. Rapport du Conseil général d'administration des hospices civils de Paris, sur la situation générale, au 31 décembre 1824, des revenus et dépenses de

tous les exercices de l'an v à 1824. Comptes sommaires de l'exercice de 1824 et de celui de 1825, in-4, d.-rel.

203. État des Pauvres, ou Histoire des classes travaillantes de la société en Angleterre, trad. de l'angl. de Morton-Eden, par Larochefoucauld-Liancourt. *Paris, H. Agasse*, an viii, in-8, d.-rel.

204. Vol. in-4, rel. à la Bradel, contenant 25 pièces sur l'amélioration des prisons, sur la Société créée à cet effet, etc., dont : Observations du Préfet du département de la Seine sur le Rapport fait au Ministre de l'Intérieur sur les Prisons de Paris, par M. Alex. de la Borde ; Visite des prisons des départ. du Calvados et de la Manche, du départ. de la Mayenne, des départ. d'Eure et de la Seine-Inférieure ; Rapport sur l'état des prisons de ces départemens. Rapport de M. Daru sur le concours ouvert pour un ouvrage concernant l'Administration des prisons ; autre Rapport de M. Daru sur les travaux du Conseil général pendant l'année 1819.

205. Société royale pour l'amélioration des prisons, 18 pièces terminées par les Extraits des lois et réglemens concernant l'administration et la police des prisons. = Rapport au Roi sur les prisons, et pièces à l'appui du rapport. = Sur la Maison de détention de Melun. — Dépôt de mendicité de Villers-Cotterets. = Rapport sur Sainte-Pélagie, par le comte de Montmorency. = Questions relatives à la discipline des prisons, publiées par la Société de Londres, in-4, d.-rel.

206. Des Prisons, telles qu'elles sont et telles qu'elles devraient être, par M. L.-René Villermé. *Paris, Méquignon-Marvis*, 1820, fig. = Quelques considérations sur la santé des forçats ou galériens, par le même. *Paris, Belin*, 1819. = Des Prisons de Philadelphie, par un Européen (M. de la Rochefoucault-Liancourt). *Paris, Huzard*, 1819. = Visite des prisons des départemens de l'Eure et de la Seine-Inférieure, par un membre de la Société pour l'amélioration des prisons (M. Barbé-Marbois). *Paris, Denugon, s. d.* = Lettre au Conseil spécial des prisons de Paris, sur le service de santé des infirmeries des maisons de détention, par Cam. Piron. *Paris, Poulet*, 1819. = Inquiries relative to prison discipline, published by the society for the improvement of prison discipline... *London, Bensley*, 1818. = Speech

of the Marq. of Lansdowne in the house of Lords, june 3 d, 1818, on moving for certain information relative to the state of the prisons in the united kingdom. *London, Bensley*, 1818; et autres pièces, dans le même vol. in-8, rel. à la Bradel.

207. Des Prisons, de leur régime et des moyens de l'améliorer, par M. E. Danjou. *Paris, A. Égron*, 1821, in-8, d.-rel., dos de v. v.—Notes recueillies en visitant les prisons de la Suisse, avec quelques détails sur les prisons de Chambéry et de Turin, et remarques sur les moyens de les améliorer, par F. Cunningham, etc. *Genève, Paschoud*, 1820, in-8, v. rac., fil.

208. Rules for the government of gools, houses of correction and penitentiaries. *London*, 1821, in-8, v. m. rac.—The third Report of the committee Society for the improvement of Prison discipline and for the reformation of Juvenile offenden. *London, T. Bensley*, 1821, in-8, pap. vél., v. rac.—The fourth Report of the same society the 1822, with an appendix. *London, Bensley*. = Inquiries relative to prison discipline. *London, Bensley*, 1820.=Compte rendu du Comité de la Société des prisons de Saint-Pétersbourg, 1819-1821. *Paris, F. Didot*, 1822.=Considérations sur les bagnes. *Ibid.*, 1823, in-8, rel. à la Bradel.

209. Lettre de l'auteur du concours ouvert à Genève en 1826 (le comte de Lellon), en faveur de l'abolition de la peine de mort. *Genève, impr. de Lador*, 1827, in-4, br.

210. Essai sur l'administration de l'agriculture, du commerce, des manufactures et des subsistances, par M. Cl.-Anth. Costaz. *Paris, Mme. Huzard*, 1818, in-8, d.-rel.

211. Métrologie universelle ancienne et moderne, ou Rapport des poids et mesures des quatre parties du monde, par J.-F. Palaiseau. *Bordeaux, Lavigne jeune*, 1816, in-4, dos de v. br. ant.

212. Travail sur les Poids et Mesures de la France et de la Turquie, présentant leurs rapports respectifs, par M. de Tillemont. In-4, mout. vert. *Ms.*

213. Le Régulateur universel des poids et mesures, par C.-F. Martin. *Paris, Courcier*, 1809, in-8, pap. fin, mar. r., dent., doublé de tab., tr. dor. *Avec régulateur en carton et en cuivre.*

214. Vol. in-8, d.-rel., contenant 4 pièces sur les nouveaux poids et mesures.

215. Essai sur les monnoies, ou Réflexions sur le rapport entre l'argent et les denrées (par Dupré de Saint-Maur). *Paris, Coignard,* 1746, in-4, v. m.

216. Dictionnaire des finances de l'Encyclopédie méthodique. *Paris, Panckoucke,* 1784-87, in-4, 3 vol., v. m., fil.

217. Exposé comparatif de l'état financier, militaire, politique et moral de la France et des principales puissances de l'Europe, par M. Bignon. *Paris, Le Normant,* 1814, in-8, br. — Étude du crédit public et des dettes publiques, par Dufresne Saint-Léon. *Paris, Bossange père,* 1824, in-8, br. — Analyse historique de l'établissement du crédit public en France, par M. Vital Roux. *Paris, Bossange,* 1824, in-8, br.

218. Puissance du crédit et des améliorations, ses rapports avec la guerre et la paix, par M. P. D. B*** (de Bonnaud). *Paris, Michaud,* 1813, in-8, pap. vél., d.-rel.

219. Considérations sur les finances, avec des réflexions sur la nécessité de comprendre l'étude du commerce et des finances dans celle de la politique (par Forbonnais). *Madrid,* 1781, in-12, d.-rel.

220. Mémoires concernant les impositions et droits en Europe, par Moreau de Beaumont; avec des supplém. et des tables alphab. et chronologiques, par Poullin de Viéville. *Paris, Desaint,* 1787-89, in-4, 5 vol., v. m.

221. De l'Administration provinciale, et de la Réforme de l'impôt (par Letrone). *Basle,* 1779, in-4, v. m.

222. De l'Impôt territorial, combiné avec les Principes de l'administration de Sully et de Colbert, par de Lamerville. *Strasbourg,* 1788, gr. in-4, pap. vél., 2 part. en 1 vol., mar. r., fil., tr. dor.

223. Essai politique sur le commerce (par Melon. *Paris*), 1736, in-12, v. br. — Élémens du commerce (par de Forbonnais). *Paris, Briasson,* 1754, in-12, 2 vol., v. m. — Les Progrès du commerce (par Lacombe de Prezel). *Paris, Lottin,* 1760, in-12, v. m.

224. Vol. in-4, mar. r., fil., tr. dor., contenant diverses pièces trad. de l'angl., et relatives au commerce, dont des extraits tirés du livre intitulé : Lex mercatoria ; et

d'un autre livre intitulé : Consuetudo, vel Lex mercatoria.

Ms. de la fin du xvii*. siècle.

225. Examen de quelques questions d'économie politique,
et notamment de l'ouvrage de M. Ferrier, intitulé : du
Gouvernement considéré dans ses rapports avec le
commerce, par M. Du Bois-Aymé. *Paris, Pélicier,*
1823, in-8, br. — Du Commerce maritime, considéré
sous le rapport de la liberté entière du commerce, et
sous le rapport des colonies, par le comte de Vau-
blanc. *Paris, Renard,* 1828, in-8, br.

226. Essai sur les entraves que le commerce éprouve en
Europe, par M. L. F. de Tollenare. *Paris, Janet et
Cotelle,* 1820, in-8, d.-rel. — Exposé de la situation
critique du commerce à Paris, et de quelques moyens
propres à rappeler sa prospérité, par F. Pochard.
Paris, Renard, 1827, gr. in-8, pap. vél., br.

227. Vues politiques sur le commerce des denrées (par
Goyon). *Paris, Vincent,* 1766, in-12, v. m. — Essai sur
la police générale des grains, sur leurs prix et sur les
effets de l'agriculture (par Herbert). *Berlin,* 1755, in-12,
v. j. — Sur la Législation et le Commerce des grains
(par Necker). *Paris, Humblot,* 1776, in-8, 3 part. en
1 vol., v. m.

228. Dialogues sur le commerce des bleds (trad. de l'ital.
de l'ab. Galiani). = L'Art de conserver les grains,
trad. de l'ital. de Barth. Inthiery, par D. N. E. *Paris,
Saugrain le jeune,* 1770, in-8, d.-rel.

229. Canaux navigables, par S. -N. Linguet. *Paris,
L. Cellot,* 1769, in-12, v. m., fil. — Des Canaux navigables considérés d'une manière générale, avec des
recherches comparatives sur la navigation intérieure de
la France et celle de l'Angleterre, par M. Huerne de
Pommeuse. *Paris, Bachelier,* 1822, in-4, br. (Les planches manquent.)

IV. *Physique, Chimie, Histoire naturelle.*

230. Système universel, ou de l'Univers et de ses Phénomènes considérés comme les effets d'une cause unique,

et supplém., par Thilorier. *Paris, l'Auteur,* 1815, in-8, fig., 4 vol., br.

231. Nouveau Traité de la Pluralité des mondes, par Huighens, trad. du latin par Dufour. *Amsterd., Roger,* 1718, in-12, v. br.

232. Système du Monde (trad. de l'allem. de Lambert par Merian). *Bouillon, Soc. typogr.,* 1770, pet. in-8, br. —Les Principaux phénomènes de la nature, par M. C. *Paris, Bossange,* 1828, in-12, br. — Peut-Être, par le baron de Monville. *Paris, F. Didot,* 1825, in-8, fig., br.

233. Nouvelles expériences extraites d'un ms. qui a pour titre : *Essai sur l'origine des substances organisées et inorganisées,* par J.-B. Fray. *Berlin,* 1807, in-8, pap. mar. r., fil., tr. dor.

234. Essai sur l'origine des corps organisés et inorganisés, et sur quelques phénomènes de physiologie animale et végétale, par J.-B. Fray. *Paris, V*e*. Courcier,* 1817, in-8, br.

235. Homme (*Homo*). Article extrait du tome VIII du Dictionnaire d'histoire naturelle, par MM. Audouin, Isid. Bourdon, Brongniart, etc. *Paris, Rey et Gravier,* 1825, gr. in-8, carte color., br. — Considérations générales sur les monstres, comprenant une théorie des phénomènes de la monstruosité, par M. Geoffroy-Saint-Hilaire. *Paris, J. Tastu,* 1816, gr. in-8, pap. vél., br. —Des Monstruosités humaines, par le même. *Paris, l'Auteur,* 1822, in-8, fig., br.

236. Doctrine nouvelle de la reproduction de l'homme, suivie du Tableau des variétés de l'espèce humaine, par M. Tinchaut. *Paris, Trouvé,* 1822, in-8, br.

237. Essai sur une nouvelle théorie de la voix, par R.-J.-H. Dutrochet. *Paris, Didot jeune,* 1806, in-4, bas. rac., fil.

238. Esperienze e Riflessioni sopra la Carie de' denti umani, e su la Riproduzione dei denti negli animali rosicanti, di Fr. Lavagna. *Genova, G. Bonaudo,* 1812, in-8, br.

239. Aloysii Galvani de viribus electricitatis in motu musculari Commentarius, cum Jo. Aldini dissertatione et notis. *Mutinæ, è Societate typogr.,* 1792, in-4, fig., rel. en cart.

240. Recherches sur l'identité des forces chimiques et électriques, par Oersted; trad. de l'allem. par Marcel de Serres. *Paris, Dentu,* 1813, in-8, br.

241. Chimie appliquée à l'agriculture, par le comte Chaptal. *Paris, Mme. Huzard,* 1823, in-8, 2 vol., cart. à la Bradel.

242. C. Plinii secundi Historiæ naturalis Libri XXXVII. *Lugd.-Batav., ex offic. elzev.,* 1635, pet. in-12, 3 vol., v. f., fil.

243. Histoire naturelle générale et particulière, avec la description anatomique, par de Buffon et Daubenton; Oiseaux, Supplément et Minéraux, par les mêmes. *Paris, I. R.,* 1752-89, 69 vol. —Hist. naturelle des ovipares et des serpens, par de Lacépède. *Paris,* 1789-90, 4 vol.; les 73 vol. in-12, fig., v. m.

Les tomes 8, 14, 15 et 17 des oiseaux manquent.

244. Abrégé de l'histoire naturelle, d'après Buffon, classé selon le système de Linnée (quadrupèdes et oiseaux). *Paris, Rousseau,* an VIII, in-8, fig., 4 vol., bas. m.

245. De la Richesse minérale, par A.-M. Héron de Villefosse (Tome Ier., division économique). *Paris, Levrault,* 1810, in-4, cart., v. rac., fil.

246. Traité élémentaire de minéralogie, avec des applications aux arts, par Alex. Brongniart. *Paris, Déterville,* 1807, in-8, pl., 2 vol., v. f., fil., tr. dor.

247. Paradoxes, ou Traittez philosophiques des pierres et pierreries, contre l'opinion vulgaire. Ausquels sont demonstrez la matiere, la semence, la génération et la nutrition d'icelles, par Est. de Clave. *Paris, V^e. P. Chevalier,* 1635, in-8, parch.

248. Les Merveilles des Indes orientales et occident., ou Nouveau traité des Pierres précieuses et Perles, contenant leur vraye nature, dureté, couleurs et vertus..., par Rob. de Berquen. *Paris, Lambin,* 1669, in-4, v. f.

249. Traité des diamans et des perles, par Dav. Jeffries; trad. de l'angl. (par Chappotin de Saint-Laurent). *Paris, Debure,* 1753, in-8, fig., v. m., fil.

250. Traité des pierres précieuses, porphyres, granits, marbres, albâtres et autres roches; suivi de la Description des machines dont on se sert pour travailler ces pierres, et d'un coup - d'œil général sur l'art du marbrier,

par Brard. *Paris, Schœll,* 1808, in-8, fig., 2 vol., br.

251. Le Mercure indien, ou le Trésor des Indes, dans lequel est traité de l'or, de l'argent, avec l'estimation des pierres précieuses et des perles, par P. D. R. (P. de Rosnel). *Paris (Rob. Chevillion),* 1667, in-4, réglé, 2 part. en 1 vol., mar. n., à compart., tr. dor.

252. Description géologique des environs de Paris, par MM. G. Cuvier et Alex. Brongniart. *Paris, G. Dufour et E. D'Ocagne,* 1822, gr. in-4, carte color. et pl., br. en cart.

253. Géognosie des terrains tertiaires, ou Tableau des principaux animaux invertébrés des terrains marins tertiaires du Midi de la France, par MM. de Serres. *Montpell., Pomathio-Durville,* 1829, gr. in-8, pap. vél., fig., br.

254. Histoire naturelle des Mollusques terrestres et fluviatiles de la France, par Jac.-Ph. Draparnaud. *Paris, Levrault,* 1805, gr. in-4, fig., br.

Avec envoi signé de l'auteur.

255. Histoire des animaux d'Aristote, traduct. françoise (avec le texte et des notes) par Camus. *Paris, Vᵉ. Desaint,* 1783, in-4, 2 vol., v. m., fil.

256. Libri de Re rusticâ, Catonis, Ter. Varronis, L. Jun. Columellæ, Palladii. *Tiguri, Jac. Mazochius,* 1528, pet. in-8, bas.

257. Essai sur la géographie des plantes, accompagné d'un tableau physique des régions équinoxiales, par MM. Al. de Humboldt et A. Bonpland. *Paris, Fr. Schœll,* 1807, gr. in-4, pap. vél., br. en cart.

258. De Distributione geographicâ plantarum secundùm cœli temperiem et altitudinem montium, Prolegomena, auctore Alex. de Humboldt. *Lutetiæ-Parisior.,* 1817, gr. in-8, br.

259. Essai d'une nouvelle Agrostographie, ou Nouveaux genres des graminées, par Palisot de Beauvois. *Paris, l'Auteur,* 1812, in-4, gr. pap. vél., fig., mar. r., dent., tr. dor.

260. Histoire des Plantes grasses, par M. Decandolle, avec fig. dessinées par M. Redouté. *Paris, Dugour et Durand,* an VII, gr. in-4, 2 vol., br. en cart.

Exempl. en pap. vél., avec les fig. en couleur.

261. Nouveau Cours complet d'agriculture théorique et pratique, ou Dictionnaire raisonné et universel d'agriculture, par les membres de la Société d'agriculture. *Paris, Déterville*, 1809, in-8, fig., 13 vol., d.-rel.

262. Nouveau Dictionnaire d'histoire naturelle appliquée aux arts, principalement à l'agriculture, par une Société de naturalistes et d'agriculteurs. *Paris, Déterville*, 1803 et 1804, in-8, 24 vol., br., et les planches réunies en 1 vol. br. en cart.

263. Histoire naturelle appliquée à la chimie, aux arts, par Morelot. *Paris, F. Schœll*, 1809, in-8, 2 vol., d.-rel., dos de mar. r.

264. Maison rustique, pour servir à l'éducation de la jeunesse, par Mme. de Genlis. *Paris, Maradan*, 1810, in-8, 3 vol., br.

265. Instruction pour les bergers et les propriétaires de troupeaux, par Daubenton. *Paris, impr. de la Républ.*, an x, in-8, fig., br.

266. La Ruche pyramidale, Méthode simple et naturelle pour rendre perpétuelles toutes les peuplades d'abeilles, avec l'art de convertir le miel en sucre blanc, etc., par P. Ducouédic. *Paris, V^e. Courcier*, 1813, in-8, pap. vél., br.

267. Instruction sur la culture et la récolte des betteraves, sur la manière d'en extraire économiquement le sucre et le sirop, trad. de l'allem. de C.-F. Achard par Copiu. *Paris, Testu*, 1811, in-8, fig., rel. en cart., pap. mar. r., fil., tr. dor.

268. L'Art de faire le vin, par M. Chaptal. *Paris, Déterville*, 1819, in-8, fig., br.

269. Opuscule sur la vinification, traitant des vices des méthodes usitées pour la fabrication des vins, et des avantages du procédé de Mlle. Elis. Gervais, par J.-Ant. Gervais. *Montpellier, Tournel*, 1820, in-8, pap. vél., d.-rel.

270. Traité sur le Pastel et l'extraction de son indigo, par Giobert. *Paris, I. I.*, 1813, gr. in-8, pap. vél., fig., v. à compart.

V. *Médecine.*

271. Les OEuvres d'Hippocrate, trad. en fr., avec des

remarques, par Dacier. *Paris,* 1697, in-12, 2 vol.,
v. br.

272. Philosophie anatomique. Des organes respiratoires
sous le rapport de la détermination et de l'identité de
leurs pièces osseuses, par M. Geoffroy-Saint-Hilaire.
Paris, Méquignon-Marvis, 1818, in-4, fig., v. f., fil.,
tr. dor.

273. De la Nature des fièvres, et de la meilleure méthode
de les traiter, trad. de l'ital. de Giannini, avec des notes,
par N. Heurteloup. *Paris, L. Collin,* 1808, in-8, 2 vol.,
bas. rac.

274. Matériaux pour servir à une doctrine générale sur les
épidémies et les contagions, par F. Schnurrer; trad. de
l'allem. et augmentés de fragmens et de notes par
Gasc et Breslau. *Paris, Croullebois,* 1815, in-8, br. —
Recherches sur la contagion des fièvres intermittentes,
par Audouard. *Paris, Méquignon - Marvis,* 1818,
in-8, br.

275. Histoire médicale de la fièvre jaune observée en
Espagne, et particulièrement en Catalogne, dans l'année
1811, par MM. Bally, François et Pariset. *Paris,* 1823,
in-8, br.

276. Observations sur la fièvre jaune, faites à Cadix, en
1819, par MM. Pariset et Mazet, et rédigées par M. Pariset. *Paris, Audot,* 1820, très gr. in-4, fig. color., br.
en cart.

277. OEuvres de Legallois, avec des notes de M. Pariset.
Paris, Lerouge, 1824, in-8, 2 vol., br.

278. Cours théorique et pratique de matière médicale
thérapeutique sur les remèdes altérans et sur les éva-
cuans, de P.-J. de Barthez; recueilli et mis au jour
avec des notes additionnelles, par Seneaux. *Montpel.
Tournel,* 1821, in-8, pap. vél., 2 vol., v. porph.,
dent.

279. Commentaires en vers franç., sur l'École de Salerne,
par D. F. C. (Dufour). *Paris, Alliot,* 1690, in-12,
v. br.

280. De la Sobriété et de ses avantages, traduct. de Lessius
et de Cornaro, avec des notes, par D. L. B. (de la Bono-
dière). *Paris, Edme,* 1772, in-12, br.—L'Anti-Cornaro,
ou Remarques critiques sur le Traité de la vie sobre de
L. Cornaro. *Paris, Cl. Borré,* 1702, in-12, v. br. —D

la Santé des gens de lettres, par Tissot. *Lausanne*, 1768,
in-12, bas. m.

81. Médecine domestique, par Guil. Buchan, trad. de
l'angl. par J. D. Duplanil. *Paris, G. Desprez*, 1780,
in-8, 5 vol., v. m.

82. Hygiène des colléges et des maisons d'éducation, par
Ch. Pavet de Courteille. *Paris*, 1827, in-8, br.

83. Cours élémentaire théorique et pratique de phar-
macie, par Morelot. *Paris*, 1803, in-8, 3 vol., br.

84. Clinique chirurgicale, ou Mémoires et Observations
de chirurgie clinique, par M. Ph.-J. Pelletan. *Paris,
J.-G. Dentu*, 1810, in-8, 3 vol., br.

85. Analyse des blessures d'armes à feu, et de leur
traitement, par P. Dufouart. *Paris, Ch. Pougens*, 1801,
in-8, d.-rel.

86. Nouvelles considérations sur le cautère actuel, par
M. Imbert Delonnes. *Avignon, Fr. Séguin*, 1812, gr.
in-8, pap. vél., br.

87. Manual da chirurgiaô militar, ou Instruccáo de
chirurgia militar, por M. Percy; traduzido de francez
en portug., por C. Lopez de Moura. *Em Toul*, 1811,
pet. in-4, mout. mar., dent., tr. dor.

Ms. avec envoi de la main du traducteur à M. Daru.

88. Mémoires de chirurgie militaire, et Campagnes de
M. Larrey. *Paris, Smith*, 1812, gr. in-8, pap. vél.,
fig., 3 vol., cart. à la Bradel.

89. Manuel de l'oculiste, ou Dictionnaire ophthalmolo-
gique, par de Wenzel. *Paris*, 1808, in-8, pap. vél., fig.,
2 vol., v. rac., fil.

VI. *Mathématiques, Astronomie.*

90. Mémoire sur la relation qui existe entre les distances
respectives de cinq points quelconques pris dans l'espace;
suivi d'un Essai sur la théorie des transversales, par
L. N. Carnot. *Paris, Courcier*, 1806, in-4, pl., br.

91. De L. N. Carnot : de la Corrélation des figures de
géométrie. *Paris, Duprat*, 1801, gr. in-8, br.—Prin-

cipes fondamentaux de l'équilibre et du mouvement. *Paris, Déterville*, 1803, gr. in-8, fig., br. — Réflexions sur la métaphysique du calcul infinitésimal. *Paris, V^e. Courcier*, 1813, in-8, br.

292. Géométrie de position, par Carnot. *Paris, Duprat*, 1803, in-4, pap. vél., fig., br.

293. Méthodes nouvelles et faciles de former les puissances par l'addition, et d'extraire les racines carrées et cubiques qui résultent de leurs progressions génératrices, par M. Barailon. *Limoges, J.-B. Bargeas*, 1826, in-8, br.

294. Géométrie et mécanique des arts et métiers et des beaux-arts, par M. Ch. Dupin. *Paris, Bachelier*, 1825 et 1826, in-8, pl., 3 vol., br.

295. Saggio analitico sopra una suista comune nel Problema per la valutazione della annuità, e sull' uso del calcolo differenziale ed integrale..., di Giov. Gratognini. *In Pavia, nella stamperia del R. I. Monasterio di S. Salvatore*, 1782, gr. in-8, br.

296. Essai philosophique sur les Probabilités, par de la Place. *Paris, V^e. Courcier*, 1816, in-8, br.

297. Le même. *Paris, V^e. Courcier*, 1819, in-8, d.-rel.

298. Nouveaux traités de trigonométrie rectiligne et sphérique, accompagnés de tables des sinus, des logarithmes, des nombres naturels, depuis 1 jusqu'à 20000, avec un traité de gnomonique, par Deparcieux. *Paris, H.-L. Guérin*, 1741, gr. in-4, pl., v. m.

299. Traité complet sur la théorie et la pratique du nivellement, par Fabre. *Draguignan, Fabre, s. d.*, gr. in-4, fig., v. rac., dent., tr. dor.

300. Exposition du système du monde, par de la Place. *Paris*, 1813, in-8, 2 vol., v. rac., fil., tr. dor.

301. Le même. *Paris, Bachelier*, 1824, in-8, 2 vol., br.

302. Etude du ciel, ou Connaissance des phénomènes astronomiques, mis à la portée de tout le monde, par Mollet. *Lyon*, 1805, in-8, br.

303. Traité élémentaire d'astronomie physique, par M. Biot, avec des additions relatives à l'astronomie nautique, par de Rossel. *Paris, J. Klosterman*, 1810 et 1811, in-8, fig., 3 vol., br.

304. Uranographie, par M. Francœur. *Paris*, 1821, in-8, fig., br.

305. Astronomie enseignée en 22 leçons, trad. de l'angl. par M. C. *Paris, Audin,* 1825, in-12, br.—Astronomie élémentaire, par Quételet. *Paris,* 1826, in-12, br. en cart.

306. Lettres sur l'astronomie, en prose et en vers, par M. Albert-Montemont. *Paris, Peytieux,* 1826, gr. in-8, 4 vol., bas. j., fil.

307. Des Révolutions des corps célestes par le mécanisme des rouages, par M. Janvier. *Paris, P. Didot,* 1813, in-4, fig., br.

308. Annuaire du Bureau des longitudes pour l'an xi, et 1809, 1811, 1813, et 1818 à 1829. In-18, 16 vol., br.

309. Des Usages de la sphère, des globes céleste et terrestre, précédés d'un Abrégé sur les différens systèmes du monde, par L. Delamarche. *Paris,* 1826, in-8, br.

310. Atlas céleste de Flamsteed, publié par J. Fortin, et revu par MM. Delambre et Méchain. *Paris, Delamarche,* 1795, pet. in-4, rel. en cart.

311. Les 7°., 8°., 11° et 16°. cahiers du Journal de l'École polytechnique. *Paris, I. I.,* 1812 et 1813, in-4, 3 vol., br.

VII. *Art militaire.*

312. Essai sur l'Histoire générale de l'art militaire, de son origine, de ses progrès et de ses révolutions, par M. Carion-Nisas. *Paris, Délaunay,* 1824, in-8, 2 vol., d.-rel.

313. Histoire de l'Administration de la guerre, par Xavier Audouin. *Paris, P. Didot l'aîné,* 1811, in-8, 4 vol., v. f., fil.

314. Dictionnaire militaire de l'Encyclopédie méthodique et supplément. *Paris,* 1784 et années suiv., in-4, 4 vol., et pl. gr. in-4, br. en cart.

315. Dictionnaire militaire portatif, contenant tous les termes propres à la guerre, par M. D. L. C. D. B. (de la Chesnaye des Bois). *Paris, Duchesne,* 1758, pet. in-8, 3 vol., v. m.

316. Veteres de re militari scriptores quotquot extant, in unum redacti corpus. Accedunt God. Stewechii Commen

tarius in Vegetium Ren. de re militari; et P. Scriverii
in Vegetium et in Frontinum animadversiones. *Vesaliæ-
Clerorum, Andr. ab Hoogenhuysen,* 1670, in-8, 2 vol.,
v. br.

317. Institutions militaires de l'empereur Léon, trad. en
franç., avec des notes, suivies d'une Dissertation sur le
feu grégeois, par Joly de Maizeroy. *Paris, Cl.-Ant.
Jombert,* 1778, in-8, fig., 2 vol., v. m.

318. Mémoires militaires sur les Grecs et les Romains,
avec une dissertation sur l'attaque et la défense des
places des anciens; la traduct. d'Onosander et de la
tactique d'Arrien, et l'analyse de la campagne de Jules
César en Afrique, par Ch. Guischardt. *Lyon, Bruyset,*
1760, in-8, fig., 2 vol., v. m.

319. Roberti Valturii de re militari libri XII, ad Sigism.
Pandulfum Malatestam. Gr. in-fol., parch.

Ms. daté de 1466, orné de fig. en couleur.

320. Polyænus gallicus, sive Strategemata Gallorum, auctore Jo.-Bapt. Bello è Soc. J. *Tolosæ, Bonde,* 1643, pet.
in-8, parch.

Papier blanc entre chaque feuillet, couvert d'additions tant latines que
françaises, d'une écriture du temps.

321. Mémoires instructifs sur toutes les actions de la
guerre. In-fol., br. en cart.

Ms. du siècle dernier.

322. Instructions sur la guerre, données par un père à
son fils. In-fol., v. br.

Ms. du siècle dernier.

323. Réflexions sur la petite guerre. In-4, br. en cart.

Ms. du siècle dernier, orné de planches color.

324. Élémens de l'art militaire, par D'Héricourt. *La Haye,
P. Gosse,* 1748, pet. in-12, 2 vol., v. m.

325. Art de la guerre, par de Puységur. *Paris, Jombert,*
1749, in-4, fig., 2 vol., v. m.

326. Essai sur l'art de la guerre, par Turpin de Crissé.
Paris, Jombert, 1754, in-4, fig., 2 vol., v. m.

327. Essai sur la science de la guerre (par D'Espagnac). *La
Haye,* 1751, 3 vol., v. f.—Essai sur les grandes opé-

—rations de la guerre, par le même. *La Haye et Paris,
Ganeau,* 1755, pet. in-8, 3 vol., v. m.

328. Examen critique du militaire françois, suivi des
Principes qui doivent déterminer sa constitution, sa
discipline et son instruction, par M. D. B.... (de Bohan).
Genève, 1781, in-8, fig., 3 vol., v. m.

Rare.

329. Mémoires militaires et politiques du général Lloyd,
trad. et augmentés de notes..., par un officier françois
(le marq. de Mesmont). *Paris, Magimel,* 1801, in-8,
fig., d.-rel.

330. Réflexions militaires et politiques, trad. de l'espag.
du marq. de Santa Cruz de Marzenado, par de Vergy.
Paris, Clouzier, 1738, in-12, 11 vol., v. m.

331. Guide de l'officier particulier en campagne, par
M. Cessac-Lacuée. *Paris, Barrois,* 1805, in-8, fig.,
2 tom. en 1 vol., d.-rel.

332. Du Service des armées en campagne, par le vicomte
de Préval. *Blois, Aucher-Éloy,* 1827, in-8, v. vert, fil.

333. Instruction concernant les manœuvres de l'infanterie,
donnée par le général Schouenburg, 1798. In-12, br.
— Instruction destinée aux troupes légères et aux officiers
qui servent dans les avant-postes. *Paris,* an 11, in-12, br.
— Le Militaire expérimenté, ou Instruction du général
de division. F. Wimpffen à ses fils. *Paris, Magimel,*
an vii, in-12, br.

334. Histoire du corps impérial du génie, par M. A.
Allent. Ire partie, depuis l'origine de la fortification
moderne, jusqu'à la fin du règne de Louis XIV. *Paris,
Magimel,* 1805, in-8, d.-rel.

335. Mémoire sur l'attaque et la défense des places, par
de Perdiguier, directeur des fortifications d'Alsace.
In-fol., v. br., tr. dor.

Ms., avec planches color.

336. Architettura militare di Fr. de Marchi, illustrata de
L. Marini. *Roma, de Romanis e figli,* 1810, in-fol.
atlant., fig., 6 vol., d.-rel., dos de mar. r.

337. De la Défense des places fortes, par Carnot. *Paris,
Ve. Courcier,* 1812, in-4, fig., br. en cart.

338. OEuvres militaires de Guibert, publiées sur les

mss. et d'après les corrections de l'auteur. *Paris, Magimel*, 1803, in-8, fig., 5 vol., d.-rel.

339. Relations des principaux siéges faits ou soutenus en Europe par les armées françaises depuis 1792, rédigées par les officiers généraux du corps du génie qui en ont conduit l'attaque ou la défense, précédées d'un Précis historique et chronol. des guerres de la France, depuis 1792 jusqu'en 1806, par V. D. Musset-Pathy. *Paris, Magimel*, 1806, in-4, fig., v. rac.

340. Journal des opérations militaires du siége et du blocus de Gênes, par P. Thiébault. *Paris, Magimel*, 1801, in-4, pap. vél., fig., d.-rel.

341. Mémorial topographique et militaire, rédigé au dépôt général de la guerre. *Paris*, ans xi-xiii, in-8, fig., 6 part. en 3 vol., d.-rel.

342. Essai sur les reconnaissances militaires, par Allent, précédé d'un discours préliminaire, par le général Vallongue. *Paris, Piquet*, 1827, in-4, br.

343. Traité abrégé de l'artillerie, de la composition de la poudre, etc. In-fol., rel. en cart.

　　Ms. du siècle dernier.

344. Traité de l'art de fabriquer la poudre à canon, précédé d'un exposé historique sur l'établissement du service des Poudres et Salpêtres en France, par MM. Bottée et Riffault. *Paris, Leblanc*, 1811, in-4, pap. vél., et atlas obl., 2 vol., br. en cart.

345. Traité élémentaire sur les procédés en usage dans les fonderies, sur la fabrication des bouches à feu d'artillerie, et description des divers mécanismes qui y sont établis, par Charles M. S. Dartein. *Strasbourg, Levrault*, 1810, gr. in-4, pap. vél., fig., v. rac.

346. Description de l'art de fabriquer les canons, par G. Monge. *Paris*, an ii, in-4, fig., br.

347. Commentaires de Blaise de Montluc. *Paris, Barrois*, 1746, in-12, 4 vol., bas. br.

348. Le Champ de Mars, ou les Campagnes de Flandres, contenant ce qui s'est passé de plus remarquable dans les Pays-Bas pendant la présente guerre, et les différentes marches et campemens tant des armées des deux couronnes que de celles des alliez, faites aux années 1701, 02, 03, 04, 05, 06, 07, 08, 09, 1710, 11 et 12, jusqu'à la

la paix conclue à Utrecht, le 11 avril 1713, par le S*. Barbier. In-fol., br. en cart.

Ms. d'une écriture du temps, finissant à 1717.

349. Journal de la campagne de 1717, en Hongrie, par
Breteuil de Preuilly. In-fol., parch.

Ms. original, signé.

350 bis. État et Correspondance concernant le mouvement
des troupes campées à Richemont en 1732, sous le
commandement de M. de Bellisle. Gr. in-fol., br. en
cart.

Ms. de plus de 600 pages, accompagné de beaucoup de cartes à la main
color.

350 bis. Journal de ce qui s'est passé de plus considérable
pendant le camp près de Sarrelouis, du 1er. au dernier
septembre 1753, in-fol., rel. en parch. vert.

351. Plan de guerre contre l'Angleterre, rédigé par les
ordres du feu Roi (Louis XV), dans les années 1763,
64, 65 et 1766, par le comte de Broglie, et refondu et
adapté aux circonstances actuelles, pour être mis sous les
yeux de S. M., à qui il a été envoyé le 17 décembre
1778. In-fol., rel. en cart. *Ms.*

352. Histoire de la campagne des Prussiens en Hollande,
en 1787, par Théod.-Phil. de Pfau, trad. de l'allem.
Berlin, impr. R., 1790, gr. in-4, pap. vél., fig., d.-rel.,
dos et coins de cuir de Russie. *Non rogné.*

353. Annales des faits et des sciences militaires, de 1792
à 1815, par MM. Barbié Dubocage, Bardin, Beauvais,
Bernard, Cadet-Gassicourt, Beauvoisin, Carrion-Nisas, etc. *Paris, Panckoucke,* 1818 et 1819, in-8, 4 vol.,
d.-rel.

354. Précis des événemens militaires, ou Essai historique
sur la guerre présente, renfermant les événemens de
1798 et 1799, par M. Math. Dumas. *Paris, Treuttel et
Würtz,* 1800 et 1801, in-8, fig., 2 vol., d.-rel.

355. Précis des événemens militaires, ou Essais historiques
sur les campagnes de 1799 à 1814, par le comte Math.
Dumas. *Paris, Treuttel et Würtz,* 1817-26, in-8, 19 vol.,
et atlas gr. in-4, d.-rel., dos de v. ant.

356. Mémoires sur les campagnes des armées du Rhin et

de Rhin-et-Moselle, de 1792 à 1797, par le maréchal
Gouvion Saint-Cyr. *Paris, Anselin,* 1829, in-8,
gr. pap. vél., 4 vol. et atlas in-fol. obl., br. en cart.

357. Relation de la bataille de Marengo, du 5 prairial
an VIII, rédigée par Alex. Berthier, et accompagnée de
plans indicatifs des différens mouvemens des troupes,
levés géométriquement par les ingénieurs-géographes
du dépôt général dé la guerre. *Paris, au Dépôt général
de la guerre,* an XII, in-fol. max., mar. r., dent., doubl.
et gardes de tab., tr. dor.

358. Bataille de Preussisch-Eylau, gagnée par la grande
armée, sur les armées combinées de Prusse et de Russie,
le 8 février 1807. *Paris (impr. de la Républ.),* 1807,
in-fol., pap. vél., fig., rel. en cart.

359. Histoire de la guerre de la Péninsule et dans le midi
de la France, de 1807 à 1814, publiée à Londres par
W. F. Napier; traduction revue et enrichie de notes
par M. Math. Dumas. *Paris, Treuttel et Würtz,* 1828,
in-8, 2 vol., d.-rel., dos de v. bl.

360. Mémoires du maréchal Suchet, duc d'Albuféra, sur
ses campagnes en Espagne, depuis 1808 jusqu'en 1814,
écrits par lui-même. *Paris, Ad. Bossange,* 1828, in-8,
pap. vél., 2 vol., mar. viol., fil. d'or et ornémens à
froid, tr. dor., et atlas in-fol. max., d.-rel., dos de v.
viol. *Simier.*

361. Journal des opérations de l'armée de Catalogne, en
1808 et 1809, sous le commandement du général, ou
Matériaux pour servir à l'Histoire de la guerre d'Espagne, par le maréchal Gouvion Saint-Cyr. *Paris,
Anselin et Pochard,* 1821, in-8, pap. vél., et atlas
in-fol. max., br. en cart.

362. Collection des ordres du jour de l'armée d'Allemagne (campagne de 1809). *Schonbrunn, impr. de
l'armée,* 1809, in-fol., pap. fin, mar. r., dent., tr. dor.

363. Recueil des décrets, décisions ministérielles, arrêtés
du général en chef, ordres du jour, etc., publiés, en
1811, au quartier-général de l'armée du nord de l'Espagne. *Valladolid,* 1812, in-fol., gr. pap. vél., v. rac.,
dent., tr. dor.

364. Précis historique des opérations militaires de l'armée
d'Italie, en 1813 et 1814, par le chef de l'état-major

général de cette armée. *Paris, Barrois l'aîné,* 1817, in-8, br.

365. Journal militaire, rédigé par B. C. Gournay, de 1790 (1re. année) à l'an xiv (1806), 25 vol. ; Supplément de 1789 à l'an viii (1800), 5 vol. Les 30 vol. in-8, d.-rel.

366. Journal des sciences militaires des armées de terre et de mer, publié sous la direction de M. de Vaudoncourt : collaborateurs, le comte Daru, le baron Dupin, le comte de Ségur, etc. *Paris, Corréard,* 1825-27, in-8, 8 vol., rel. à la Bradel.

367. Histoire de la Milice françoise, par le P. Daniel. *Paris, D. Mariette,* 1721, in-4, fig., 2 vol., bas. m.

368. Recherches sur la force de l'armée française, les bases pour la fixer selon les circonstances, et les secrétaires d'état ou ministres de la guerre depuis Henri IV jusqu'en 1805 (par MM. Servan et Grimoard). *Paris, Treuttel et Würtz,* 1806, in-8, bas. rac.

369. État des troupes et des états-majors des places (année 1789). (*Paris*); *I. R.,* 1789, in-8, pap. de Höll., d.-rel.

370. Emplacement des troupes de l'Empire françois à l'époque du 1er. brumaire an xiii. *Paris, I. I.,* gr. in-8, br.

371. Itinéraire des étapes indiquant les lieux de passage des troupes de la république, par Chanlaire et l'Espagnol. In-4, d.-rel.

372. Mémoires sur l'organisation de la cavalerie et sur l'administration des corps, par Préval. *Paris, Magimel,* 1816, in-8, mar. r. fil., tr. dor.

373. Tableau de l'organisation de la gendarmerie nationale, établie dans les ix départemens formés de la ci-devant Belgique. *Paris, impr. de la Républ.,* an iv, in-8, br. en cart.

374. Code militaire, ou Compilation des ordonnances des rois de France, concernant les gens de guerre, par de Briquet. *Paris, Savoye,* 1761, in-12, 8 vol., v. m.

375. Ordonnances militaires, tant imprimées que mstes., depuis le 20 avril 1663 jusqu'en décembre 1788, réunies en 23 vol. in-4, bas. br.

376. Recueil d'ordonnances militaires, tant imprimées

que *mstes.*, en 70 vol. in-fol., d.-rel., ainsi composé :

Organisation générale, de 1727 à l'an xii, 1 vol.; État-major et Génie,
1 vol.; Infanterie françoise, de 1719 à l'an xi, 3 vol.; Infanterie étrangère, de 1719 à l'an x, 1 vol.; Troupes à cheval, de 1701 à l'an xi,
2 vol.; Artillerie, de 1670 à l'an xii, 2 vol.; Maréchaussée et Gendarmerie, de 1720 à l'an xiii, 1 vol.; Milice, de 1716 à 1792, 1 vol.; Marine, de 1762 à l'an iv, 1 vol.; Invalides et Vétérans, de 1674 à l'an xiii,
1 vol.; Recrutement, de 1718 à l'an xiii, 2 vol.; Avancement, de 17..
à l'an xiii, 1 vol.; Justice et Discipline, de 1701 à l'an xiii, 4 vol.;
Congés, de 1686 à l'an xiii, 3 vol.; Pensions, de 1778 à l'an xii, 1 vol.;
Prisonniers de guerre, de 1719 à l'an xii, 1 vol.; Inspection, de 174.
à l'an xii, 1 vol.; Manœuvres et Exercices, de 1746 à l'an ii, 3 vol.;
Service, de 1727 à l'an xii, 3 vol.; Administration, de 1716 à l'an xiii,
7 vol.; Vivres, de 1719 à l'an xiii, 1 vol.; Fourrages, de 1731
l'an xiii, 1 vol.; Chauffage et Eclairage, de 1746 à l'an xiii, 1 vol.;
Habillement et Equipement, de 1679 à l'an xiii, 4 vol.; Equipages e
Train, de 1729 à l'an xiii, 1 vol.; Etapes, de 1718 à l'an xiii, 1 vol.;
Logement et Casernement, de 1707 à l'an xiii, 1 vol.; Hôpitaux, de
1718 à l'an xiii, 2 vol.; Campemens, Remontes, etc.; de 1731
l'an xiii, 1 vol.; Matériel de l'artillerie et du génie, de 1746
l'an xiii, 1 vol.; Solde, de 1718 à l'an xiii, 14 vol.; Revues, de 1714
l'an xiii, 2 vol.

377. Procès-verbaux du Code militaire de 1781 à 1786.
In-fol., 4 vol., d.-rel., non rognés.
Ms.

378. Code militaire, contenant tous les décrets de l'Assemblée nationale sur l'organisation des armées de terre
et de mer. *Paris, Devaux,* 1791 et 1792, in-12, 6 part.
en 1 vol., d.-rel.

379. Code militaire de l'Empire français, réuni en 25 vol.
avec une table par ordre alphabétique de matières. Pet.
in-4, d.-rel. *Ms.*

380. Code militaire, préparé en l'an xiii, par M. Daru,
divisé en trois livres. *Livre 1er.* : Constitution de
l'armée, Organisation des troupes, Recrutement et
Avancement, Discipline et Récompenses, 3 vol.
Livre 2e. : Service, 1 vol. *Livre 3e.* : Administration de
l'armée, Comptabilité des corps, Solde et Indemnités,
Subsistances, Habillement et Campement, Hôpitaux,
Casernement et Chauffage, Remontes, Équipages,
Convois et Fournitures diverses, 5 vol. Les 9 vol.
in-fol., d.-rel. *Ms.*

381. Recueil général des lois, réglemens, décisions et
circulaires sur le service des hôpitaux militaires, par
M. Ch. Courtin. *Paris, I. I.,* 1809, gr. in-8, 2 vol.

1 vol. de tableaux in-4; les 3 vol., pap. vél., br. en
cart.

382. Recueil des édits, déclarations, ordonnances, arrêts
et réglemens concernant l'École royale militaire. *Paris,
I. R.*, 1782, in-4, 2 vol., v. m.

383. Recueil des édits, déclarations, ordonnances, arrêts
et réglemens concernant l'Hôtel royal des Invalides.
Paris, I. R., 1781, in-4, 2 vol., v. m.

384. Ordonnance provisoire sur l'exercice et les manœuvres
de la cavalerie, rédigée par ordre du ministre de la
guerre. *Paris, Magimel*, 1804, in-8, 2 vol., dont un de
planches, d.-rel.

385. Réglement sur le service des postes militaires, du
31 août 1809. *Paris, I. I.*, in-fol., br.

386. Extrait du réglement provisoire pour le service des
troupes en campagne. *Schonbrunn*, 1809, in-8, br. —
Instruction provisoire pour le service des troupes en
campagne. *Paris, I. R.*, 1823, in-12, br. rogné.

387. Réglement provisoire sur le service intérieur des
troupes à cheval, dont l'exécution est ordonnée par le
duc de Feltre. *Paris, Magimel*, 1816, très gr. in-8,
pap. vél., mar. r., fil., tr. dor.

388. Instruction réglementaire pour le service des fourrages, chauffage et lumière. *Campagne de* 1812,
Mayence, Zabern, s. d., in-fol., mar. r., dent., tr.
dor.

389. Instruction générale sur la conscription, texte et
modèles. *Paris, I. I.*, 1811, in-fol., pap. vél., 2 vol.,
mar. vert, dent., d. de moire, tr. dor.

390. Instruction générale sur la conscription. *Paris, Firm.
Didot*, 1811, in-8, et un vol. de tableaux in-4, mar. r.,
dent., tr. dor.

391. Dissertation sur l'ordonnance de l'infanterie, par le
général de brigade Meunier. *Paris*, 1805, in-8, br.

392. Projet de réglement de service pour les armées
françaises, tant en campagne que sur pied de paix, par
un officier général. *Paris, F. Didot*, 1812, in-8, pap.
vél., mar. r., fil., tr. dor.

393. Un second exemplaire, d.-rel., dos de mar. r., non
rogné.

Très rare; n'a été tiré qu'à 25 exemplaires.

394. État actuel de la législation sur l'administration des troupes, par P.-N. Quillet. *Paris, I. I.*, 1805 et 1806, gr. in-8, pap. vél., 3 vol., br. en cart.

395. Le même. *Paris, Magimel*, 1809, gr. in-8, pap. vél., 3 vol., br. en cart.

396. Le même. *Paris, Magimel*, 1811, in-8, 3 vol., rel. en cart.

397. Mémorial de l'officier d'infanterie, présentant la collection méthodique de tout ce que les réglemens aujourd'hui en vigueur et les lois non abrogées contiennent de particulier à cette arme, par l'auteur du Manuel de l'infanterie. *Paris, Magimel*, 1809, in-8, 2 vol., cart. à la Bradel.

398. Le même, 2e. édition. *Paris, Magimel*, 1813, in-8, pap. vél., 2 vol., v. f., fil., tr. dor.

Au chiffre de Napoléon.

399. Considérations sur la législation militaire, par le comte Fournier. *Paris, V*e*. Agasse*, 1815, in-4, br.

400. Essai sur la théorie de l'administration militaire, ou des Principes de l'administration militaire en temps de paix et en temps de guerre, par C.-M. Morin. *Paris, Laran*, an VII, in-8, d.-rel.

401. Essais sur l'administration militaire, par Lenoble. *Paris, Magimel*, 1811, in-4, d.-rel., dos et coins de mar. r., non rogné.

402. Projet de loi ou d'ordonnance pour l'institution d'une magistrature militaire, avec deux Mémoires : l'un, sur la diététique militaire ; l'autre, sur les moyens administratifs dans la vallée du Tage, par le même. *Paris, Magimel*, 1817, in-4, rel. en pap. mar. r.

403. Examen d'un Mémoire sur les bases de l'administration militaire, qui aurait été présenté au Ministre de la guerre, par J.-B. Flandin. *Paris, Magimel*, 1815, in-4, br.

404. De la Constitution de l'administration militaire en France. *Paris, Magimel*, 1817, in-8, d.-rel., dos de mar. r., non rogné.

405. Cours d'études sur l'administration militaire, par P.-A. Odier. *Paris, Anselin*, 1824, in-8, 7 vol., br.

406. De l'Organisation de la force armée en France, considérée particulièrement dans ses rapports avec les

autres institutions sociales, les finances de l'État, le crédit public, etc., etc., par H. de Carrion-Nisas. *Paris, L'Huillier*, 1817, in-8, d.-rel.

407. Projet de la comptabilité et administration des troupes. 1806, 1 vol. — Table des modèles d'enregistres, tableaux et états prescrits dans ce projet. 1806, 1 vol. Les 2 vol. in-fol., rel. en cart.

408. Rapports et Comptes rendus par les Ministres de la guerre de l'administration de ce département, de l'an v à l'an viii, et de 1823 à 1829, et Budgets des dépenses de ce ministère, de 1823, et de 1825 à 1830, 18 vol., in-fol. et in-4, rel. et en d.-rel.

409. De l'Esprit militaire (par de Lessac). *Paris, Buisson,* 1789.=Réflexions morales relatives au militaire françois (par de Varennes). *Paris, Cellot,* 1779, in-8, d.-rel.

410. Mémoire au Roi (Louis XIV), par Ant. Remarque, au sujet des infidélités, malversations et abus qui se glissent dans les armées. In-fol., rel. en cart.

Ms. original, signé.

411. Détails militaires, dont la connoissance est nécessaire à tous les officiers et principalement aux commissaires des guerres, par de Chennevières. *Paris, Jombert,* 1750-68, in-12, 6 vol., bas. rac. — Détails militaires, par Durival. *Luneville, Messuy,* 1758, in-12, v. m.

412. La Direction générale des subsistances militaires, considérée dans ses rapports avec le corps des intendans militaires, par Flandin. *Paris, Magimel,* 1820, in-8, br.

413. De la Manière de faire subsister les armées de terre et de mer, chez toutes les nations de l'Europe. In-fol., d.-rel. *Ms.*

413 *bis.* Mémoires sur les subsistances militaires. In-fol., vél. vert. *Ms. du siècle dernier.*

414. Le Munitionnaire des armées de France, par Nodot. *Paris, Cusson,* 1731, in-8, fig., v. br.

415. Traité des subsistances militaires, par Dupré D'Aulnay. *Paris, Prault,* 1745, in-4, v. m. *Fort rare.*

416. Manuel établi pour servir à la confection des équipages de sellerie à l'usage des différens corps de cavalerie. In-12, br. = Du Harnachement, pour l'usage des escadrons d'éclaireurs. *Paris, I. I.,* 1814, in-12, pap. vél., br.

417. Devis d'habillement pour un homme de chaque arme. Pet. in-fol., mar. vert, dent.

Ms. de 1813, d'une grande netteté.

418. Vol. in-fol., d.-rel., contenant les pièces suivantes mstes. :

Recrutement de l'armée sous l'ancien gouvernement, pendant la révolution, et depuis l'établissement de la conscription. — Rapport du général Meunier sur le réglement de 1791, relatif aux manœuvres. — Projet d'organisation générale pour le service des fourrages. — Mémoire concernant les manœuvres de l'infanterie, par Léop. Vacca; et Projet de réglement.— Projet de formation d'une compagnie d'éclaireurs par bataillon d'infanterie de ligne. — Projet de réglement sur les prisons militaires.—Observations et Notes relat. au travail sur le recrutement. — Observations sur le nouveau projet relatif aux revues. — Considérations sur la question : S'il est utile aux individus et avantageux à l'Etat de favoriser le mariage des militaires. — Sur les Récompenses militaires. — Service des places. — Tarif de la solde de la garde impériale.—Hôpitaux.—Observations du général Schaumbourg, sur la Dissertation du général Meunier, concernant l'ordonnance de l'infanterie. — Projet de réglement sur les revues et la comptabilité des dépenses justifiées par les revues. — Traité pour le service des équipages, des vivres, d'ambulance et camps de St.-Omer et de Bruges. — Transports milit. — Equipages d'artillerie. — Réflexions sur le bien qui résulterait de créer des secrétaires archivistes près les autorités militaires.—Notes sur le biscuit.—Tableau de l'existence des équipages militaires dans les différentes guerres. — Projet pour la formation d'un corps militaire d'équipages. — Vues sur l'administration militaire pour les armées de terre.—Observations sur les étapes et convois militaires. — Mémoire sur les équipages militaires des armées. — Projet d'instruction sur les fournitures à faire aux militaires détenus dans les prisons. — Réflexions sur la conscription, par Simon.—Etat du prix des marchés de viande depuis 1743 jusqu'en 1763. — Mémoire sur le service des fourrages. — Mémoire sur la levée des chevaux à l'usage des équipages des vivres. — Observations sur le rachat des rations. — Observations sur le projet de charger les villes de l'entretien des bâtimens militaires.— Extraits des ordonnances, lois, etc., concernant le corps du génie ; et Notice sur ce service.—Equipages, Garnisons, Congés, Habillement, Vivres-viande, Pain, Biscuit, Vinaigre. — Pain, Vivres-viande. — Récompenses , 2*e*. *Mémoire du baron de Grandpré.*—Fortifications , *Extraits du maréchal de Saxe.* Contributions, *du même.* — Hiérarchie, *Extrait du 6e. mémoire du baron de Grandpré.* — Manœuvres, *Extrait du maréchal de Saxe.*—Solde, *Extrait du 5e. mémoire du baron de Grandpré.*—Étapes, *du 4e.* — Hôpitaux, *du 11e.*—Objets divers, *Extraits du maréchal de Saxe.* — Constitutions, *idem.* — Marche, *Extrait du 1Ce. mémoire du baron de Grandpré.* — Revue, Récompense, Service, Organisation, Discipline, *Extraits du maréchal de Saxe.*—Avancement, *Extrait du 2e. mémoire du baron de Grandpré.*—Harnachement, Exercice, Armement, Recrutement, Artillerie, *Extraits du maréchal de Saxe.*

419. Ordenanzas generales de la armada naval. *Madrid, Impr. real,* 1793, pet. in-fol., 2 vol., bas. j.

420. Traduction de l'exercice militaire de l'infanterie autrichienne et impériale. 1750, in-fol., mar. r., dent.

Ms. dans lequel on a placé des pl. représentant les diverses manœuvres de l'infanterie.

420 *bis*. Système militaire de la Prusse, et Principes de la tactique actuelle des troupes les plus perfectionnées, par Mirabeau. *Londres,* 1788, in-4, fig., bas. m.

421. Observations sur la constitution militaire et politique des armées de S. M. Prussienne (le grand Frédéric), avec quelques anecdotes de la vie privée de ce monarque, et l'état de ses armées sur pied en janvier 1775. In-4, d.-rel.

Ms. d'une grande netteté.

VIII. *Beaux-Arts.*

422. Essai sur le perfectionnement des beaux-arts, par les sciences exactes, ou calculs et hypothèses sur la peinture et la musique, par R*. S. C*. (Reveroni-Saint-Cyr.) *Paris, Pougens,* 1803, in-8, fig., 2 vol., br.—Mélanges sur les beaux-arts, par Ponce. *Paris, Leblanc,* 1826, in-8, br.

423. Catalogue raisonné des tableaux du Roy, avec un Abrégé de la vie des Peintres, par Lépicié. *Paris, I. R.,* 1752 et 1754, gr. in-4, 2 vol., br. en cart.

424. Catalogue raisonné d'un choix précieux de dessins et tableaux du cabinet de P.-F. Basan, par L.-F. Regnault. *Paris, l'Auteur,* an vi, in-8, v. rac.

425. Catalogue d'antiquités égyptiennes, grecques et romaines, qui composent une des collections formées par L. Dufourny, par L.-J. Dubois. In-8, pap. vél.== Catalogue des tableaux, dessins et estampes, du même, par M. N. Delaroche. *Paris,* 1819, in-8, pap. fort, tiré de format in-4, avec 164 fig. au trait, cart. à la Bradel.

426. Description des objets d'arts qui composent le cabinet de Vivant-Denon, par MM. Dubois, Pérignon et Duchesne aîné. *Paris, Tilliard,* 1826, in-8, 3 tom. en 2 vol., cart. à la Bradel.

427. Collection de lettres de Nic. Poussin. *Paris, F. Didot,* 1824, in-8, rel. à la Bradel.—Observations sur quelques

grands peintres, avec un Précis de leur vie, par
Taillasson. *Paris, l'Auteur,* 1807, in-8, br.

428. Dissertation sur un traité de Ch. Lebrun, concernant
le rapport de la physionomie humaine avec celle des
animaux ; ouvrage enrichi de la gravure des dessins
tracés pour la démonstration de ce système. *Paris,
Calcographie du Musée Napoléon,* 1806, in-fol. atl.,
d.-rel., dos de mar. r., non rogné.

429. Modèles de tapisserie représentant des fleurs, des
vases et divers ornemens variés, gravés à Vienne, et
coloriés. In-fol., d.-rel. (19 pièces).

430. Grande galerie de Versailles et les deux salons qui
l'accompagnent, peints par Ch. Lebrun, dessinés par
J.-B. Massé et gravés par les meilleurs artistes. *Paris,
I. R.,* 1752, in-fol. atlant., br. en cart.

431. Il Fregio di Giulio romano dipinto nella Farnesina,
disegnato ed inciso da Bart. Pinelli. *Roma,* 1813, in-fol.
obl., fig., br.

432. Urbis æternæ Vestigia, à Piranesio jam ænæis tabulis
incisa, nunc denuo iis quæ supererant edenda, quæque
noviter detecta sunt, decorata, adaucta, amplificata.
Franciscus filius, Gustavo III D. D. D. In-fol. max.,
br.

433. Collection de XX estampes représentant des sujets
de la Messiade de Klopstock, gravés par John de
Vienne, d'après les dessins de Füger, pour la traduction
hollandaise du poëme par de Meerman... *Paris,
Treuttel et Würtz,* 1813, gr. in-fol., fig. avant la lettre,
mar. r., dent., tr. dor.

434. Iconographie ancienne, ou Recueil des portraits
authentiques des empereurs, rois et hommes illustres
de l'antiquité. *Première partie :* Iconographie grecque,
par F.-Q. Visconti. *Paris, P. Didot l'aîné,* 1808,
1 tom. en 3 vol. — *Seconde partie :* Iconographie
romaine, tome 1er., par le même. *Ibid.,* 1817, et
tome 2, par M. Mongez. *Ibid.,* 1824; les 5 vol. in-fol.
max., pap. vél., d.-rel., dos de mar. r., non rognés.

435. Les Illustres Français, ou Tableaux historiques des
grands hommes de la France, pris dans tous les genres
de célébrité, jusqu'à l'époque de 1792, par Ponce. *Paris,
l'Auteur,* 1816, in-fol., fig. renfermées dans un carton.

436. Galerie française, ou Collection de portraits des

hommes et des femmes célèbres qui ont illustré la France dans les xvie., xviie. et xviiie. siècles. *Paris,* 1821 et années suiv., in-4, 3 vol. en cahiers.

437. Galerie des Peintres, ou Collection de portraits des peintres les plus célèbres de toutes les écoles, accompagnée d'une notice sur chacun d'eux, et de copies de dessins originaux, par Chabert. *Paris, J. Didot,* 1823 et années suiv., gr. in-fol., pap. vél., 31 livraisons.

438. Collection complète des portraits de tous les souverains de l'Europe et des hommes illustres modernes, dessinés d'après nature ou tableaux originaux, accompagnés d'un texte biographique, par Meger. *Paris, Sétier,* 1820, in-4, br.

439. Représentation des fêtes données par la ville de Strasbourg, pour la convalescence du Roi (Louis XV), inventée et dessinée par J.-M. Weis. In-fol. max., dent., tr. dor.

440. Le Sacre de Napoléon. (*Paris, Impr. Imp.*), in-fol. atlant., pap. vél., fig. d'après MM. Isabey et Percier, d.-rel., dos de mar. r., non rogné.

Très bel exemplaire.

441. Relation des fêtes données par la ville de Strasbourg à L. M. I. et R., en janvier 1805, à leur retour d'Allemagne. Gr. in-fol., br.

442. Recherches sur l'art statuaire, considéré chez les anciens et les modernes (par E. David). *Paris, V^e. Nyon,* 1805, in-8, br.

443. Discours sur les monumens publics de tous les âges et de tous les peuples connus, par l'ab. de Lubersac. *Paris, I. R.,* 1775, in-fol., fig., br.

444. Vitruvius iterum et Frontinus à Jocundo revisi repurgatique, quantùm ex collatione licuit. *Florentiæ, Ph. de Giunta,* 1513, pet. in-8, fig., bas. *Rare.*

445. Templum vaticanum et ipsius Origo, cum ædificiis maximè conspicuis antiquitùs et recens ibidem constructis, editum à Car. Fontana, italicè, latinisque literis consignatum à Joa.-Jos. Bonnerve de Saint-Romain. *Romæ, Buagni,* 1694, gr. in-fol., fig., d.-rel., dos de vél. vert.

446. Memorie istoriche della gran Cupola del Tempio Vaticano, e de' danni di essa, e de' ristoramenti loro.

Padova, nella stamper. del Seminario, 1748, gr. in-fol., fig., d.-rel., dos de v. vert.

447. Les livraisons 2 à 12 de l'Architecture toscane, de MM. Famin et Grandjean. *Paris,* 1806, gr. in-fol., fig. (*Les planches* 62, 63 *et* 64 *endommagées.*)

448. Description historique de la Basilique de Superga, située sur la colline près Turin, ornée de vignettes et de planches contenant les plans, vues et observations..., avec des notes sur l'histoire naturelle de ladite colline, par Mad. Paroletti. *Turin, les frères Reycend,* 1808, gr. in-fol., pap. vél., rel. en cart., pap. mar. r., fil.

449. Raccolta dei disegni delle fabriche regie de' Bagni di Montecatini nella Valdinievole. *In Firenze,* 1787, in-fol. atl., rel. en cart. — Dei Bagni di Montecatini Trattato di Al. Bicchierai. *Firenze, G. Cambiagi,* 1788, gr. in-4, pap. fort, rel. en cart.

450. Architecture, Peinture et Sculpture de l'Hôtel de ville d'Amsteldam, représentées en CIX figures (en holl. et en françois). *Amsteld., J. Covens,* gr. in-fol., d.-rel., dos et coins de mout. mar. rose, non rogné.

451. Vues du Louvre, de Versailles, d'autres maisons royales et de villes et châteaux de France, gravées par Silvestre, Séb. Leclerc et autres. In-fol. max., mar. r., tr. dor.

Très belles épreuves, mais reliûre mutilée.

452. Projet de réunion du Louvre au Palais des Tuileries, par P.-F. Dubois aîné. *Paris, impr. de Delance,* 1810, gr. in-fol., fig., d.-rel., dos de mar. r. — Mémoires sur la réunion du Palais des Tuileries et du Louvre, et Plans de diverses positions pour l'achèvement de la place du Carrousel, par Baltard. *Paris, P. Didot l'aîné,* 1811, in-fol. atl., fig., d.-rel., dos de mar. r.

453. Projet d'un arc de Triomphe pour l'emplacement de l'Étoile, sur la grande route de Paris à Neuilly, gravé au trait d'après les dessins originaux de J.-A. Raymond. *Paris, F. Didot,* 1812, gr. in-fol., br. — Changemens proposés par M. Dubois, architecte, au Projet de l'arc de triomphe de l'Étoile, par M. Chalgrin. *Paris, Delanoe,* 1810, in-fol., fig., br.

454. Bicêtre. Projet d'atelier pour la prison, dressé dans

le cours des années 1812 à 1818, par M. Baltard. Gr. in-fol., fig., d.-rel., dos de mar. r., pap. mar.

455. Plan géométrique de la Maison royale de Bicêtre, levé par Fourcet et Simonet, détenus. Monté sur gorge.

Dessin avec légende, d'une grande netteté.

456. De la Composition des paysages sur le terrain, ou des Moyens d'embellir la nature autour des habitations, par R. Gerardin. *Paris, Debray,* 1805, in-8, mar. v., dent., tr. dor.

457. Démonstration de toutes les pièces nécessaires pour la construction d'une galère. In-fol., mar. r., fil.

Ms. du siècle dernier, avec fig.

458. Projet de constructions latérales à ajouter aux chaloupes canonnières actuelles, par Massé, 1808. In-fol., fig., dans un cart.

459. Contignationes ac Pontes Nic. Zabaglia, unà cum quibusdam ingeniosis praxibus, ac descriptione translationis obelisci Vaticani, aliorumque per D. Fontana susceptæ. *Romæ, ex typ. Palladis,* 1743, gr. in-fol., fig., d.-rel., dos de v. vert.

460. Vol. in-4, d.-rel., contenant diverses pièces, dont : De' canali navigabili Trattato del P. D. Paolo Frisi. *Firenze, stamper. Granducale,* 1770, fig.

461. Memorie idraulico-storiche sopra La Val-di-Chiana compilate dal V. Fossombroni. *Bologna, Marsigli,* 1823, in-4, fig., br. *Tome 1er.*

462. Description hydrographique et historique des marais pontins, par de Prony. *Paris, F. Didot,* 1822, in-4, et atlas in-fol., br. en cart.

463. Travaux des Ponts et Chaussées depuis 1800, ou Tableau des constructions neuves faites sous Napoléon, en routes, ponts, canaux,... par M. Courtin. *Paris, Gœury,* 1812, in-8, pap. vél., v. rac. d'acaj., dent., tr. dor.

464. De M. Girard : Description générale des différens ouvrages à exécuter pour la distribution des eaux du canal de l'Ourcq dans l'intérieur de Paris, et devis détaillé de ces ouvrages. *Paris, I. I.,* 1810, in-4, fig., br. — Recherches sur les eaux publiques de Paris, les

distributions successives qui en ont été faites, et les
divers projets qui ont été proposés pour en augmenter le
volume. *Paris, I. I.*, 1812, gr. in-4, fig., br. — Devis
général du canal Saint-Martin. *Paris, V*. Courcier*,
1820, in-4, gr. pap., br.

465. Projet d'un canal de navigation intérieure, entre le
port de Brest et la Loire à Nantes, par Alex. Rochon.
Paris, Courcier, an XIII, in-4, fig., br.

466. Notice sur le canal de Bourgogne et le canal du
Nivernais, extraite d'un ouvrage inédit sur l'amélioration
de la navigation intérieure de la France. *Paris ,
Mad. Huzard*, in-4, br. — Du Projet d'un canal latéral
à la partie rarement navigable de la Loire, qui sépare
les canaux du centre et de Briare, par M. Huerne de
Pommeuse. *Paris, Huzard-Courcier*, 1821, in-4, fig.,
br.

IX. *Arts industriels et mécaniques, Arts gymnastiques, Jeux.*

467. L'Art et Science de la vraye proportion des lettres
attiques ou antiques, selon le corps et visaige humain,
avec l'instruction et maniere de faire chiffres et lettres
pour bagues d'or..., par G. Tory de Bourges. *Paris,
Vivant Gaultherot*, 1549, pet. in-8, fig., v. br.

468. Traicté des chiffres, ou Secretes manieres d'escrire,
par Bl. de Vigenere. *Paris, A. L'Angelier*, 1586, in-4,
v. br., fil.

469. Sistema universale e completo di Stenografia o sia
Maniera di scrivere in compendio applicabile a tutti
al' idiomi, da S. Taylor ; adattato alla lingua ital. da
E. Amanti. *Parigi, Franchi*, 1809, gr. in-8, br.

470. Abrégé de l'alphabet universel, adapté à l'art
typographique, et de la sténographie méthodique, par
M. Montigny. *Paris, Buisson*, 1807, in-4, pl., br. en
cart.

471. Le Manuel de l'imprimeur, par S. Boulard. *Paris,
l'Auteur*, 1791, in-8, d.-rel. — Specimen des nouveaux
caractères de la fonderie et de l'imprimerie de P. Didot

l'aîné. *Paris, l'Auteur,* 1819, gr. in-8, pap. vél., cart.
à la Bradel.

472. Rapport du jury sur les produits de l'industrie
française (exposition de 1806). *Paris, I. I.,* 1806, in-8,
pap. vél., br. en cart.—Notices sur les objets envoyés à
l'exposition des produits de l'industrie française, rédigées
par ordre du Ministre de l'Intérieur. *Ibid.,* 1806, in-8,
br.

473. Rapport du Jury central sur les produits de l'industrie
française (exposition de 1819), rédigé par M. L. Costaz.
Paris, I. R., 1819, in-8, mar. r., fil., dent., doublé de
tab., tr. dor.

474. Rapports du Jury central sur les produits de l'industrie
française (des expositions de 1823 et 1827), rédigés
par MM. Héricart de Thury et Migneron. *Paris, I. R.,*
1824 et 1828, in-8, 2 vol., br.

475. Des Métaux en France. Rapport fait au Jury central
de l'exposition des produits de l'industrie française, par
M. Héron de Villefosse. *Paris, Mad. Huzard,* 1827,
in-8, br.

476. Essai sur la construction des routes et des voitures,
par Rich. Lovell Edgeworth, trad. de l'angl. et augm.
d'une notice sur le système Mac-Adam ; suivi de considérations sur les voies publiques de France... *Paris,
Anselin,* 1827, in-8, pap. vél., fig., br.

477. Échelles pour les bibliothèques, plus commodes et
plus solides que celles dont on fait actuellement usage,
par Le Turc. *Londres, G. Bigg,* 1781, in-8, fig.,
d.-rel.

478. Traité élémentaire des machines, par Hachette.
Paris, J. Klosterman, 1811, in-4, fig., v. porph., dent.

479. Les 4 prem. vol. de la Description des Machines et
Procédés spécifiés dans les Brevets d'invention, de
perfectionnement et d'importation, dont la durée est
expirée, par MM. C. P. Molard et Christian. In-4,
fig., br.

480. Description des travaux exécutés pour le déplace-
ment, transport et élévation des groupes de Coustou, par
J. F. Grobert. *Paris, I. de la Républ.,* an IV, in-fol.
obl., fig., br.

481. Traité de Vénerie, par D'Yauville. *Paris, I. R.,*
gr. in-4, fig., br. en cart.

482. Essais sur l'équitation, ou Principes raisonnés sur l'art de monter et de dresser les chevaux, par Mottin de La Balme. *Paris, Jombert,* 1773, in-12, pap. fort, bas. m.

483. Traité théorique et pratique du jeu des échecs, par une Société d'amateurs. *Paris, Stoupe,* 1775, in-12, br.

484. Analyse du jeu des échecs, par A. Philidor. *Londres,* 1777, gr. in-8, v. j., fil.

BELLES-LETTRES.

I. *Introduction à l'étude des Belles-Lettres, Grammaires et Dictionnaires.*

485. De la Manière d'enseigner et d'étudier les belles-lettres, par rapport à l'esprit et au cœur, par Rollin. *Paris, les frères Estienne,* 1755, in-12, 4 vol., v. m.

486. Traité de la formation mécanique des langues et des principes physiques de l'étymologie (par de Brosses). *Paris, Saillant,* 1765, in-12, fig., 2 vol., v. m.

487. Essai sur la première formation des langues, et sur la différence du génie des langues originales et des langues composées, trad. de l'angl. d'Adam Smith, avec notes par Manget. *Genève, Manget,* 1809, in-12, br.

488. Recherches curieuses sur la diversité des langues et religions, trad. de Ed. Brerewood, par I. de la Montagne. *Paris, de Varennes,* 1640, pet. in-8, mar. v., fil., tr. dor.

489. Monde primitif analysé et comparé avec le monde moderne, par Court de Gébelin. *Paris, Boudet,* 1773-82, in-4, fig., 9 vol., v. m.

490. Grammaire générale et raisonnée (par MM. de P. R., avec notes de Duclos). == Réflexions sur les fondemens de l'art de parler, par l'ab. Fromant. *Paris, Prault,* 1768 et 1769, in-12, v. m. — Principes de grammaire générale, par M. Silvestre de Sacy. *Paris, Belin,* 1815, in-12, pap. vél., br.

491. Des Beautés poétiques de toutes les langues, considérées sous le rapport de l'accent et du rhythme, par

Ant. Scoppa. *Paris, F. Didot,* 1816, in-8, d.-rel.

492. Corn. Schrevelii Lexicon manuale græco-latinum. *Lutetiæ-Parisior.,* 1752, in-8, v. br.

493. Traité sur l'accent de la langue grecque (en allem.), par Fr. Christ. Wagner. *Hemstadt, Fleckeisen,* 1807, in-8, mar. r. fil., tr. dor.

494. Auctores latinæ linguæ in unum redacti corpus, adjectis notis Dion. Gothofredi. *Gervasii, Eust. Vignon,* 1602, in-4, v. f., fil.

495. Feliciter incipit Ars Prisciani viri eloquentissimi grammatici Cesariensis.... *Ad calcem :* Sedicimi libri de orto partibus orationis finiunt.... Anno domini 1466.... in-4, parch.

Ms. sur vélin, bien conservé.

496. Commentaria linguæ latinæ, Stephano Doleto autore. *Lugduni, Gryphius,* 1536-38, in-fol., 2 vol., cuir de Russie.

Très bel exemplaire.

497. Roberti Stephani Thesaurus linguæ latinæ, cui accesserunt Henr. Stephani annotationes autographæ; novà curà recensuit, digessit, mendis repurgavit, suasque animadversiones adjecit Ant. Birrius. *Basileæ, Thurnisii,* 1740, in-fol., 4 vol., v. m.

498. Ambr. Calepini Dictionarium VIII linguarum. *Parisiis, G. Chaudière,* 1599, in-fol., parch.

499. Glossarium ad scriptores mediæ et infimæ latinitatis, autore Carolo Dufresne du Cange. *Parisiis, Osmont,* 1733-36, 6 vol.—Glossarium novum, seu supplementum collegit et digessit Petrus Carpentier. *Parisiis, Lebreton,* 1760, 4 vol.; les 10 vol. in-fol., v. m.

500. Nouvelle méthode pour apprendre la langue latine (par MM. de Port-Royal). *Paris, Pepie,* 1709, in-8, v. br. — Grammaire latine démonstrative, comparée par analogie avec le français, par J. Blondin. *Paris, Pelicier,* 1819, in-8, br. *Avec une lettre d'envoi.*

501. Project du livre intitulé : *De la précellence du langage françois,* par Henri Estienne. *Paris, Mamert Patisson,* 1579, pet. in-8, parch.

502. Essai sur l'universalité de la langue française, ses causes, ses effets et les motifs qui pourront contribuer à

la rendre durable, par C.-N. Allon. *Paris, F. Didot,* 1828, in-8, br.

5o3. Trésor de recherches et antiquitez gauloises et françoises, par P. Borel. *Paris, Courbé,* 1655, in-4, v. br.

5o4. Les Origines ● la langue françoise (par Menage). *Paris, Aug. Courbé,* 165o, in-4, gr. pap., v. m., fil., tr. dor.

5o5. Dictionnaire étymologique de la langue françoise, par Menage; nouv. édit. corrigée et augmentée par A.-F. Jault. *Paris, Briasson,* 1750, in-fol., 2 vol., v. m.

5o6. Trésor des origines et Dictionnaire grammatical raisonné de la langue française, par M. Ch. Pougens. *Paris, impr. R.,* 1819, in-4, pap. vél., br. en cart.

5o7. Celte-Hellénisme, ou Étymologie des mots françois tirez du grec, par Léon Trippault. *Orléans, Gibier,* 1586, pet. in-8, parch.

Mouillé dans la marge. Rare.

5o8. Dictionnaire étymologique des mots français dérivés du grec, par J.-B. Morin, enrichi de notes par d'Ansse de Villoison. *Paris, I. I.,* 18o9, in-8, 2 vol., br. en cart.

5o9. Dictionnaire du vieux langage françois, par Lacombe (et Luneau de Boisjermain). *Paris,* 1766 et 1767, in-8, 2 vol., v. m.

51o. Curiositez françoises, ou Recueil de plusieurs belles propriétez, avec une infinité de proverbes et quolibets..., par Ant. Oudin. *Paris, A. de Sommaville,* 1656, pet. in-8, v. m.

511. Des Mots à la mode et des Nouvelles façons de parler. *Paris, Barbin,* 1692, in-12, v. br. —Du Bon et du Mauvais usage dans les manières de s'exprimer, des façons de parler bourgeoises... *Paris, Cl. Barbin,* 1693, in-12, v. br.

512. Remarques sur la langue françoise, de Vaugelas; nouv. édition avec des notes de Th. Corneille. *Paris, Girard,* 1687, in-12, 2 vol., v. br. —Remarques sur la langue françoise, par d'Olivet. *Paris, Barbou,* 1783, in-12, bas. m.

513. Les Vrais principes de la langue françoise, par

Girard. *Paris, Lebreton,* 1748, in-12, 2 vol., v. m. —
Synonymes françois, leurs différentes significations...,
par le même. *Paris, Lebreton,* 1769, in-12, 2 vol.,
bas. m.

514. D'Urbain Domergue : Manuel des étrangers amateurs
de la langue française. *Paris, Guilleminet,* 1805, in-8,
d.-rel. *Avec envoi de la main de l'auteur.* — Solutions
grammaticales. *Paris, l'Auteur,* 1808, in-8, v. rac. —
Exercices orthographiques. *Paris,* 1810, in-12, bas.
porph., fil., tr. dor.

515. Raison de la Syntaxe des participes dans la langue
française, par M. Bertrand. *Paris, Xhrouet,* 1809, in-8,
br. — La Clef des participes, par Vanier. *Paris,
V*. Lepetit,* 1812, in-12, bas. rac., fil., tr. dor. *Avec
envoi de la main de l'auteur.* — Première grammaire
française proprement dite..., par M. Pain. *Paris,
F. Didot,* 1822, in-8, br.

516. Grammaire des Grammaires, par M. Ch.-P. Girault-
Duvivier. *Paris, Janet et Cotelle,* 1818, in-8, 2 vol.,
d.-rel.

A la fin du tome 2 : Questions proposées à **MM.** les Membres de l'Académie, par Girault-Duvivier. *Pièce mte.*

517. La même, 4e. édit. revue et augmentée. *Paris, Janet
et Cotelle,* 1819, in-8, 2 vol., d.-rel.

518. Essai d'un dictionnaire universel, recueilli et com-
pilé par Ant. Furetière. *Amst., Desbordes,* 1685. ==
Factum (premier et second) pour Ant. Furetière, contre
quelques uns de l'Académie françoise. *Ibid.,* 1685 et
86, pet. in-12, vél.

519. Discours préliminaire du nouveau dictionnaire de la
langue françoise, par A. C. de Rivarol. *Paris, Cocheris,*
1797, in-4, 2 part. en 1 vol., d.-rel.

520. Dictionnaire de l'Académie françoise. *Paris, veuve
Brunet,* 1762, in-fol., 2 vol., v. m.

521. Dictionnaire de l'Académie françoise, nouvelle édit.
enrichie de la traduct. allemande des mots, par S. H.
Catel. *Berlin, F. T. De Lagarde,* 1801, in-4, 4 vol.,
br.

522. Nouveau vocabulaire français par de Wailly (père
et fils), 8e. édit. *Paris, Rémont,* 1819, in-8, v. rac., fil.

5a3. Le même, 9°. édition. *Paris, Rémont,* 18a1., in-8,
pap. vél., br. *Avec envoi de la main de l'auteur.*

5a4. Dictionnaire des richesses de la langue françoise et
du néologisme qui s'y est introduit. *Paris, Saugrain,*
1770, pet. in-8, v. br. —Néologie, ou Vocabulaire de
mots nouveaux, à renouveler ou pris dans des acceptions
nouvelles, par L. S. Mercier. *Paris, Maradan,* an 1x,
in-8, a tom. en un vol., d.-rel.

5a5. Dictionnaire critique de la langue françoise, par
Féraud. *Marseille, J. Mossy,* 1787, in-4, 3 vol.,
d.-rel.

5a6. Dictionnaire comique, satyrique, critique..., par
P. J. Leroux. *Pampelune (Paris),* 1786, in-8, a vol.,
bas. rac., fil.

5a7. Discours sur le caractère et l'étude des deux langues,
l'italienne et la francaise (trad. de l'ital.) de Mod. Paroletti, 1810, in-4, rel. en pap. mar., dent. —Grammaire
italienne élémentaire et raisonnée, précédée d'un Traité
étendu de la prononciation toscane, par D. Martelli.
Paris, l'Auteur, 1826, in-8, br.

5a8. Dictionnaire allemand et françois, par J. G. Heinz-
mann, 1801. Pet. in-12, br. —Grammaire abrégée de
la langue polonaise, par J.-Sev. Vater. *Halle, Gebauer,*
1807, in-8, rel. à la Bradel, fil.

5a9. De Volney : Simplification des langues orientales.
Paris, impr. de la Rép., an 111, in-8, v. rac., fil. —
L'Alphabet européen appliqué aux langues asiatiques.
Paris, F. Didot, 1819, in-8, d.-rel. — L'Hébreu sim-
plifié par la méthode alphabétique de C. F. Volney.
Paris, Éberhart, 1820, in-8, br.

53o. Grammatica linguarum orientalium, Hebræor.,
Chald., et Syrorum, inter se collatarum, authore Lud.
de Dieu. *Lugd.-Batav., ex offic. elsevir.,* 1628, in-4,
parch. *Piqué.*

53 1. Thomæ Erpenii Rudimenta linguæ arabicæ. *Leydæ,
ex typogr. Auctoris,* 1620. ⹀ Locmani fabulæ et select
quædam Arabum adagia, cum interpretatione latina e
notis Th. Erpenii. *Ibid.,* 1615, pet. in-8, vél.

53a. Essai sur la langue et la littérature chinoises, par
M. Abel Rémusat. *Paris, Treuttel et Würtz,* 1811, in-8
v. rac., fil.

533. Éléments de la grammaire turke, par M. P. Amé-
dée Jaubert. *Paris, I. R.,* 1823, in-4, pap. vél.,
cart. à la Bradel. *Avec envoi de la main de l'auteur.*

H. *Rhéteurs, Orateurs.*

534. Hermogenis Ars oratoria gr. et lat., cum commentariis Casp. Laurentii. *Genevæ, P. Aubertus,* 1614, pet.
in-8, parch.

535. Quintilien, de l'institution de l'orateur, trad. par
Gedoyn. *Paris, Barbou,* 1769, in-12, 4 vol., v. m.

536. Essai d'institutions oratoires à l'usage de ceux qui se
destinent au barreau, par M. Delamalle. *Paris, Delaunay,* 1816, in-8, d.-rel.

537. Traité des intonations oratoires, appliqué à tous les
genres d'éloquence, par Dubroca. *Paris, Debray,* 1810,
in-8, br. — Le Maître d'éloquence française, par Colin.
Paris, l'Auteur, 1808, in-12, v. rac., fil.

538. OEuvres complettes d'Isocrate, auxquelles on a joint
quelques discours tirés de Platon, de Thucydide, de
Xénophon, etc., trad. en franç. par Auger. *Paris, De
Bure,* 1781, in-8, 3 vol., v. m., fil. — OEuvres com-
plètes de Lysias, trad. en franç. par Auger. *Paris, De
Bure,* 1783, in-8, v. m., fil.

539. OEuvres complètes de Démosthènes et d'Eschine,
trad. en franç., avec des remarques, par Auger. *Paris,
Bossange et Masson,* an 11, in-8, 6 vol., bas. porph.,
fil., tr. dor.

540. Conciones et Orationes ex historicis latinis excerptæ.
Lugd.-Batav., ex offic. elsevir., 1649, pet. in-12, v.
m., fil.

541. Panegyrici veteres. Interpretatione et notis illustravit
Jac. de la Baune, ad usum Delphini. *Parisiis, Sim.
Bernard,* 1676, in-4, v. br.

542. Oraisons funèbres du maréchal de Castelnau par le
P. Cherpignon, 1661, et de Roger de Bellegarde, par le
P. J. Grisel de la C. de J., 1647, pet. in-4, v. f., fil.

543. Oraisons funèbres de Bossuet, avec des commentaires,
par M. Decalonne. *Paris, Renouard,* 1825, in-12, 2 tom.
en 1 vol., d.-rel., fil.

544. Environ 100 oraisons funèbres des orateurs chrétiens les plus célèbres des xviie. et xviiie. siècles, et mandemens, réunis en 18 vol. in-4, de diverses reliûres.

545. Vol. pet. in-4, parch., contenant diverses pièces en espagnol, dont : Oracion funebre a las exequias de S. G. de Haro y Guzman Marques del Carpio, por Marcos de Rioja de la C. de J. 1588. == Sermon funebre, y panegyrico que en la muerte de D. Manuel Arias, Gardenal, Arcobispo de Sevilla, predico Jacinto de Mendoza, 1718. == Oracion funebre en las horras de Jacinto de Berrios Leal, general de la artilleria, dixola el D. Franc. Ant. Ortiz de la C. de Jesus, 1696.

545 *bis*. 2 vol. in-4, d.-rel., contenant des Discours de réception à l'Académie françoise, de 1715 à 1789.

546. Collection complette des travaux de Mirabeau, à l'Assemblée nationale, par Et. Méjan. *Paris, Devaux,* 1792, in-8, 5 vol., d.-rel.

547. Discours de M. Royer-Collard, sur la Réduction de l'inamovibilité des juges ; sur la Loi d'amnistie ; sur les Élections ; sur le Budget ; sur la Liberté individuelle ; sur la Liberté de la presse ; sur l'Enseignement mutuel ; sur la Loi du sacrilège, etc., etc., etc.; réunis en 1 vol. in-8, d.-rel.

548. Choix de discours prononcés par M. Basterrèche, durant les sessions de 1820-1826, avec une notice sur sa vie, par Max. Lamarque. *Paris, Le Normant,* 1828, in-8, br.

549. Les Harangues de L. Grotto, aveugle d'Hadrie, trad. de lat. et d'ital. en franç., par Barth. de Viette. *Paris, Robinot,* 1617, in-8, parch.

550. Elogio di Luigi Dodici piacentino, da Gaetano Dodici. *Piacenza, Majno,* 1711, gr. in-fol., d.-rel., dos de mar. r., dent., tr. dor.

Tiré à petit nombre pour présens.

III. *Poëtes grecs.*

551. Les Quatre poëtiques : d'Aristote, d'Horace, de Vida, de Despréaux, avec les traductions et des remar-

...ques, par l'ab. Batteux. *Paris, Saillant,* 1771, in-8,
5 vol., v. f., fil.

552. L'Art poétique de Boileau, trad. en vers italiens,
par Battura. *Paris, P. Didot,* 1806, in-8, br. en cart.

553. Nouvel art poétique, par M. Viollet Le Duc. *Paris,
Martinet,* 1809, in-12, pap. vél., mar. r., dent., doub.
de moire, tr. dor.

Avec envoi à M. Daru, signé de l'auteur.

554. Traité du poème épique, par Le Bossu. *Paris, Le
Petit,* 1675, in-12, v. br. — De l'Art de la comédie, par
de Cailhava. *Paris, Ph. D. Pierres,* 1786, in-8, 2 vol.,
br.

555. Cours de poésie sacrée par Lowth, trad. du lat. en
franç. par F. Roger. *Paris, Migneret,* 1813, in-8,
4 tom. en 1 vol., d.-rel. — Les Benjamites rétablis en
Israël, poème trad. de l'hébreu par M. de Maleville.
Paris, Cérioux jeune, 1816, in-8, br.

556. Homeri Opera omnia cum interpretatione latinâ ad
verbum. Adjecti sunt homerici Centones proverbiales,
versuum Homeri Libellus et breves notæ. *Amstelæd.,
Ravesteinius,* 1650, pet. in-8, 2 vol., vél.

557. Homeri et Homeridarum Opera et reliquiæ, gr., ex
recensione Wolfii. *Lipsiæ, Gœschen,* 1804, pet. in-4,
pap. fin, fig. de Flaxman, 4 vol., v. f., dent., tr. dor.

558. Homère grec-latin-franç. (Iliade), et suivi d'observations, par J.-B. Gail. *Paris, l'Auteur,* 1805, in-8,
4 tom. en 3 vol., bas. m.

559. L'Iliade et l'Odyssée d'Homère, trad. en franç.,
avec des remarques, par Mme. Dacier. *Paris, G. Martin,*
1756, in-12, 8 vol., v. br.

560. L'Iliade et l'Odyssée d'Homère, trad. en vers, avec
des remarques, par de Rochefort. *Paris,* 1772 et 1777,
in-8, 4 vol., v. m.

561. L'Iliade et l'Odyssée d'Homère, avec des remarques,
précédées de réflexions sur Homère et sur la traduction
des poëtes, par Bitaubé. *Paris, Didot l'aîné,* 1787,
in-18, 12 vol., v. gr., fil., tr. dor. Les tomes 11 et 12
(les deux derniers de l'Odyssée) manquent.

562. Les XXIIII Livres de l'Iliade d'Homère, trad. du
grec en vers franç., les XI premiers par Hug. Salel, et
les XIII derniers par Amadis Jamyn, avec les trois pre-

miers livres de l'Odyssée. *Paris, A. L'Angelier, 1599*, pet. in-12, bas. m.—L'Iliade (trad. en vers franç.) avec un discours sur Homère, par de la Motte. *Paris, G. Dupuis*, 1714, pet. in-8, fig., v. br.—Trois chants de l'Iliade, trad. en vers franç., suivis de quelques fragmens, par M. A. Bignan. *Paris, Hubert*, 1819, in-18, br.

563. L'Iliade, trad. en vers franç., suivie de la comparaison des divers passages de ce poëme avec les morceaux correspondans des principaux poètes hébreux, grecs, français, allemands, etc., par M. Aignan. *Paris, Michaud*, 1809, in-12, pap. vél., 3 vol., br. en cart.

564. L'Homère travesti, ou l'Iliade en vers burlesques (par Marivaux). *Paris, Prault*, 1716, pet. in-12, fig., 2 vol., v. br.

565. Ulysse-Homère, ou du Véritable auteur de l'Iliade et de l'Odyssée, par Const. Koliadès (M. le Chevalier). *Paris, De Bure*, 1829, gr. in-fol., pap. vél., fig., br. en cart.

566. Ulysses Homer ; or a Discovery of the true author of the Iliad and Odyssey. By Const. Koliades. *London, J. Murray*, 1829, pet. in-8, pap. vél., br. en cart.

Avec un envoi à M. Daru en vers franç.

568. Vetustissimorum Authorum Georgica, Bucolica, et Gnomica poemata quæ supersunt, gr. et lat... *Genevæ, Jo. de Tournes*, 1639, in-16, parch.—Hesiodi quæ extant, cum notis, ex probatiss. autoribus. Accessit Lamb. Barlæi, in ejusdem Theogoniam Commentarius, operâ et studio Corn. Schrevelii. *Lugd.-Batav., Haekius*, 1658, pet. in-8, v. br.

569. Les OEuvres d'Hésiode, traduction nouvelle, par Gin. *Paris, Gueffier*, 1785, pet. in-8, v. m.

570. Hymnes de Callimaque, trad. du grec en vers latins, avec la version française, le texte et des notes, par Petit-Radel. *Paris, Agasse*, 1808, in-8, v. rac.

571. Les Chants de Tyrtée et de Callimaque, trad. en vers fr. par M. F. Didot, texte grec en regard. *Paris, F. Didot*, 1827, gr. in-fol., pap. vél., d.-rel., dos de mar. r.

572. Essai sur Pindare, contenant une traduction de quelques odes de ce poète, et des notes par Vauvilliers. *Paris, Brocas*, 1772, in-12, v. m.—Les Odes pythiques de

Pindare, trad. avec (le texte et) des remarques, par Chabanon. *Paris, Lacombe,* 1772, in-8, v. m.

573. Les Poésies d'Anacréon et de Sapho, trad. en franç. avec (le texte grec et) des remarques par Mlle. Le Fevre. *Lyon, Molin,* 1696, in-12, v. br. — Les Idylles de Bion et de Moschus, trad. en vers franç., avec le texte et des remarques (par de Longepierre). *Paris, Aubouin,* 1686, in-12, fig., v. br.

574. Anacréon, Sapho, Bion, Moschus, Théocrite, Musée..., par Moutonnet de Clairfons. *Paris, Le Boucher,* 1779, in-12, à part en 1 vol., d.-rel. — Odes d'Anacréon, mises en vers par la citoyenne Defrance, sur la traduction de Gail. *Paris, V°. Gail,* an vi, in-18, pap. vél., br.

575. La Saoniade, Inni ed odi di Saffo, tradotti dal testo greco in metro italiano, da J. J. P. A. *Crisopoli (Parma), Bodoni,* 1794, gr. in-16, pap. carré fort, tiré sur format pet. in-4, br. en cart.

576. Guerre de Troie, par Quintus de Smyrne, trad. du grec en franç. par R. Tourlet. *Paris, Lesguilles,* 1800, in-8, fig., 2 vol., v. éc., fil.

577. Les Dionysiaques, ou les Voyages, les Amours et les Conquestes de Bacchus aux Indes, trad. du grec de Nonnus (par Boitet). *Paris, Fouët,* 1625, pet. in-8, parch.

578. Apollonii Rhodii Argonauticorum libros IV, recensuit Ludov. Hostel. *Brunsvigae, Reichard,* 1806, pet. in-8, rel. à la Bradel.

... un hommage en latin de la main de l'éditeur, à M. Daru.

579. L'Expédition des Argonautes, ou la Conquête de la Toison d'or d'Apollonius de Rhodes, trad. du grec en franç. par Caussin. *Paris, Moutardier,* an v, in-8, bas. rac., fil.

580. Les Avventure di Ero e Leandro di Museo grammatico (col testo greco). *Brescia, N. Bettoni,* 1811, gr. in-4, fig. au trait, br.

581. Le Avventure di Ero e Leandro, di Museo grammatico. *Brescia, Bettoni,* 1811, gr. in-4, mar. r., dent., doubl. et gardes de moire, tr. dor.

L'un des 25 exempl. sur gr. pap. vél. Celui-ci est orné de fig. peintes en or et en couleur; et, sur un feuillet en tête, l'hommage du livre, fait à M. Daru, très belle écriture, partie en lettres d'or.

582. Héro et Léandre, poëme imité du grec de Musée en
vers français par Richard. In-fol., rel. en cart., dent.,
tr. dor.

Ms. signé par l'auteur, et offert par lui à M. Daru.

583. Euripidis Hippolytus (græcè et lat.) cum scholiis,
versione latinâ, variis lectionibus, Valckenarii notis
integris, ac selectis aliorum; quibus suas adjunxit Fr.
Hen. Egerton. *Oxonii, e typogr. Clarendon.*, 1796, gr.
in-4, pap. vél., br. en cart.—Numbers IX. X. XI. XII.
XIII of addenda and corrigenda to the edition of the
Hippolytus of Euripides by Fr. Hen. Egerton. *Oxford*,
1796, in-4, br.

584. Théâtre des Grecs, par le P. Brumoy, avec des observations et des remarques par MM. De Rochefort et
du Theil. *Paris, Cussac*, 1785, in-8, fig., 13 vol., bas.
rac. —Fragmens de Ménandre et de Philémon, suivis
d'un choix de fragmens de divers autres poëtes comiques
grecs, et de nouveaux fragmens d'Euripide, traduits par
M. Raoul-Rochette. *Paris, Trouvé*, 1825, in-8, br.

IV. *Poëtes latins anciens.*

585. Opera et Fragmenta veterum poëtarum profanorum
et ecclesiasticorum (edente Mich. Maittaire). *Londini,
Tonson*, 1713, in-fol., 2 vol., v. f.

586. Poetæ latini minores, cum integris doctorum virorum
notis, et quorumdam excerptis, curante Petro Burmanno,
qui et suas adjecit adnotationes. *Leidæ, Wishoff*, 1731,
in-4, 2 vol., bas. m.

587. Lucrèce, traduction nouvelle, avec le texte et des
notes, par L* G** (La Grange). *Paris, Bleuet*, 1768,
in-12, fig., 2 vol., v. m.

588. Traduction libre de Lucrèce (par Ch.-J. Panckoucke).
Amst., V^e. Chastelain, 1768, in-12, 2 vol., v. m. —
La Pharsale de Lucain, traduite par Masson. *Amst. et
Paris, Dufour*, 1765, in-12, 2 vol., v. m.

589. Lucrèce, trad. en vers franç., par de Pongerville,
avec le texte et des notes. *Paris, Dondey-Dupré*, 1823,
gr. in-8, 2 vol., d.-rel., dos de v. f. ant.

590. Le même. *Paris, Dondey-Dupré,* 1828, in-12, pap.
vél., fig., 2 vol., br.

591. Lucrèce, traduct. en prose par de Pougerville, avec
une notice par Ajasson de Grandsagne. *Paris, Panckoucke,* 1829, in-8, br.

592. C. Catullus, cum fragmentis C. Gallo inscriptis.
Lut.-Paris., Barbou, 1754, in-12, v. f.; fil., tr. dor.

593. Traduction complète des Poésies de Catulle, suivie
des Poésies de Gallus et de la Veillée des fêtes de Vénus,
avec des notes, par M. Noël. *Paris, Léger,* 1803, in-8,
2 vol., v. gr., fil.

594. Elégies de Tibulle, traduction nouvelle (par M. de
Pastoret, avec le texte). *Paris, Pierrès,* 1784, in-8, v.
m. fil.

595. Œuvres de Tibulle, trad. en franc., suivies des Baisers de Jean Second, Contes et Nouvelles imités des
anciens, par Mirabeau. *Paris,* 1798, in-8, fig., 3 vol.,
v. rac. r., fil.

596. P. Virgilii Mar. Opera, Ph. Melanchthonis illustrata
scholiis. Culex insuper ejusd. à P. Bembo recognita.
Parisiis, Jo. Lodoicus, 1538, pet. in-8, v. f.

597. P. Virgilii M. Opera, nunc emendatiora. *Lugd.-
Batav., ex offic. elzev.,* 1636, pet. in-12, v. f., fil.,
tr. dor.

Bonne édition.

598. P. Virgilii Mar. Opera ; interpretatione et notis
illustravit Car. Ruæus, ad usum D. *Parisiis, Benard,*
1675, in-4, v. br., fil.

599. P. Virgilii Maronis Opera, varietate lectionis et
perpetuâ adnotatione illustrata, à Chr.-Gottl. Heyne.
Accedit index uberrimus. *Londini, typis T. Rickaby,*
1793, gr. in-4, fig., 8 vol. d.-rel., dos de mar. r., non
rogné.

Exempl. en très gr. pap. de Hollande.

600. Les Bucoliques de Virgile. Traduction nouvelle en
vers franç., avec tous les passages des auteurs grecs et
latins, imités par Virgile et des auteurs qui ont imité
Virgile ; par Stan. Maisony de Lauréal. *Paris, A. Bobée,* 1821, in-8, d.-rel., dos de v. f. ant. — Eglogues
de Virgile, traduites en vers franç., avec le texte et des

notes; accompagnées de la traduction en vers de morceaux de Théocrite, Bion, etc. Par M. Tissot. *Paris, Laran*, an VIII, in-8, d.-rel.—Les Géorgiques de Virgile, trad. en vers franç., avec le texte et des notes, par A. Cournand. *Paris, Bernard*, 1805, in-8, pap. vél., d.-rel.

601. Traduction de l'Énéide de Virgile (en vers), par de Ségrais. *Paris, Cl. Barbin*, 1668-91, in-4, 2 vol., v. br.

602. L'Énéide, trad. en vers franç., avec le texte et des remarques; par Jac. Delille. *Paris, Giguet et Michaud*, 1804, gr. in-8, fig., 4 vol., v. rac.

603. Traduction de l'Énéide de Virgile, en vers franç., suivie de notes (par Deloyne d'Autroche). *Orléans, Jacob l'aîné*, 1804, in-8, 3 vol., d.-rel. — Traduction libre des Odes d'Horace en vers franç., avec le texte, et suivie de notes (par le même). *Ibid.*, 1789, in-8, 2 vol., d.-rel.

604. L'Énéide, traduite en vers, par Gaston, avec notes. *Paris, Le Normant*, 1807, in-8, 3 vol., bas. rac.

605. L'Énéide, traduite en vers franç., par L. Duchemin. *Paris, F. Didot*, 1826, in-8, 2 vol., d.-rel., dos de v. v.

606. L'Eneide di Virgilio del commend. Annibal Caro. *Parigi, Giov. Gravier*, 1765, gr. in-8, fig., 2 tom. en 1 vol. mar. r., à compart., tr. dor.

607. Q. Horatii Fl. Opera omnia, cum novis argumentis. *Sedani, Joa. Jannonus*, 1627, in-64, mar. r., fil., tr. dor.

Exempl. avec la signature de De la Curne de S. Palaye.

608. Q. Horatius Flaccus. *Lugd.-Batav., ex offic. elzev.*, 1629, pet. in-12, mar. n., d. de mar. r., avec riches compart., tr. dor.

Avec le double titre.

609. Q. Horatii Fl. Poemata, scholiis sive annotationibus illustrata à Joa. Bond. *Amstel., Dan. Elzev.*, 1676, pet. in-12, réglé, v. f., tr. dor.

610. Q. Horatius Flaccus, cum commentariis selectiss. variorum, et scholiis integris Joh. Bond, accurante C. Schrevelio. *Lugd.-Batav., Hackius*, 1653, in-8, v.

br., fil. — Juvenalis et Persii Satyræ, cum not. varior.
in-8, v. br. (*Le titre manque.*)

611. Q. Horatii Flacci Opera. *Londini, tabulis æneis incidit Johannes Pine,* 1733, gr. in-8, 2 vol., v. f., fil, tr. dor.

612. Q. Horatii Carmina expurgata, cum adnotationibus ac perpetuâ interpretatione Jos. Juvencii. *Parisiis, Barbou,* 1754, in-12, 3 vol., v. m.

613. Q. Horatii Carmina, cum annotationibus gallicis Lud. Poinsinet de Sivry. *Parisiis, Lacombe,* 1777, in-8, 2 vol., br.

614. Horatii Opera. *Parmæ, typ. Bodonianis,* 1791, gr. in-fol., pap. vél., br. en cart.

615. Horatii Opera ad optimas editiones collata, studiis Societ. Bipontinæ. *Biponti,* 1792, gr. in-8, br.

616. Q. Horatii Fl. Opera (edente Jos.-Nicolao de Azara). *Parmæ, Bodoni,* 1793, gr. in-4, br. en cart.

617. Horatii Opera; ad mss. codices plurimis in locis emendavit notisque illustravit Car. Fea. *Romæ, Bourlié,* 1811, in-12, 2 vol., v. éc.

618. Horatii Opera; illustravit Chr.-Guil. Mitscherlich. *Lipsiæ, Lebrecht Crusius,* 1800, in-8, 2 vol., mout. mar. r., fil., tr. dor.

619. Sermones et Epistolæ Q. Flac. Horatii, cum familiari et dilucidâ explanatione Jod. Badii Ascensii. *Parisiis, Dionisius Roce,* 1503, in-fol., parch.

620. Horatii Satyræ et de arte poeticâ cum appositis italico carmine interpretationibus ac notis. *Mediolani,* 1784, gr. in-8, d.-rel.

621. Les OEuvres de Q. Horace Flacce, lat. et franç., de la traduction de Rob. et Ant. le Chevallier d'Agneaux. *Paris, Auvray,* 1588, pet. in-8, bas. f., fil.

622. Les OEuvres d'Horace, trad. en vers franç., avec le texte et des notes, augmentées d'autres traductions et pièces de poésie, par l'abbé Pellegrin. *Paris, Witte,* 1715, pet. in-8, 2 vol., bas. f., fil. — Essai d'une traduction d'Horace en vers franç., par divers auteurs, avec le texte, et un Discours sur les satyres et les épîtres. *Amst., Uytwerf,* 1727, pet. in-8, d.-rel.

623. OEuvres d'Horace, trad. en vers par M. Daru. *Paris, Levrault,* 1804 et 1805, gr. in-8, pap. vél., 4 vol. br.
Avec corrections de la main de M. Daru.

624. Libre version des Odes et des Épodes d'Horace, par
P. de Marcassus. *Paris, l'Auteur,* 1664, in-8, parch.
—Odes choisies d'Horace, mises en vers françois par de
Bryé. *Paris, de Luynes,* 1695, gr. in-8, v. br.

625. Les Odes d'Horace, trad. en vers franç., avec le
texte (tome 2 des œuvres de mad. de Montegut.) *Paris,
Desaint,* 1768, pet. in-8, d.-rel. — Traduction des
Odes d'Horace, avec des observations critiques et poésies lyriques, par de Reganhac. *Paris, Laporte,* 1781,
in-12, 2 vol., bas. m.

626. Odes choisies d'Horace, trad. en vers franç., avec
des remarques, par D. Toulouzet. *Paris,* 1804, in-8,
bas. rac. — Essai d'une nouvelle traduction complète
des Odes d'Horace (par M. Rouvière). *Paris, Debeau-
neaux,* 1807, in-18, v. rac., fil. — OEuvres lyriques
d'Horace, trad. en vers par Lavau. *Versailles, Jacob,*
1810, in-12, bas. rac.

627. Poésies diverses, et traduction en vers français
des XXX Odes d'Horace, par M. Du Rouve de Savi. *Paris,
Fain,* 1811, et *Ferra,* 1812, in-8, 2 vol., br.

628. Les Odes d'Horace, trad. en vers, avec le texte, des
argumens et des notes, par Vanderbourg. *Paris, Schoell,*
1812 et 1813, in-8, 2 tom. en 3 vol., br.

629. Traduction en vers des Odes d'Horace, avec le texte,
des sommaires et des notes, par M. de Wailly. *Paris,
P. Didot,* 1817 et 18, gr. in-18, 2 vol., br. — Loisirs
d'un Militaire, ou traduction en vers franç. d'une partie des Odes d'Horace, avec le texte et la traduct. en
prose de MM. Campenon et Després, par M. Le Noir.
Paris, F. Didot, 1822, in-12, br. — Odes d'Horace
(Livres 1, 2 et 3, trad. en vers par M. Granet (avec le
texte). *Paris, Leblanc,* 1823, in-8, br.

630. Les Odes d'Horace, trad. en vers franç., avec le
texte, des sommaires et des notes, par M. L. Halévy.
Paris, Bobée, 1822 et 1823, in-18, pap. vél.,
5 vol., br.

631. Les mêmes. *Paris, Méquignon-Marvis,* 1824, gr.
in-8, br.

632. Odes d'Horace, trad. en prose, avec le texte, par
Em. Worms de Romilly. *Paris; Bossange frères,* 1826,
gr. in-8, br.

633. Satires d'Horace, trad. avec le texte en vers franç.,

par L.-V. Raoul. ═Satyres de Perse, trad. par le même. *Tournay, Casterman*, 1818, in-8, br.

634. Traduction des Odes et de l'Art poétique d'Horace, en vers franç. (avec le texte et des notes), par M. De ***. (Balainvilliers). *Paris, Migneret*, 1812, in-12, v. rac. ══ L'Art poétique d'Horace, en vers franç., trad. libre par l'ab. Montély. *Paris, Le Normant*, 1810, in-8, br., rogné. — Art poétique d'Horace, trad. par H. Terasson, avec le texte et des remarques. *Paris, Durey*, 1819, in-18, br.

635. L'Art poétique d'Horace, trad. en vers franç., suivi de la Chute de Rufin, trad. de Claudien, avec le texte et des notes, par le marq. de Sy. *London, Dulau et comp.*, 1816, in-8, pap. vél., br.

636. Delle opere di Q. Orazio Flacco, recate (col testo) in versi italiani, da T. Gargallo. *Napoli, I. R.*, 1820, gr. in-8, 4 vol., d.-rel.

637. Horace éclairci par la ponctuation, par le ch^{er}. Croft. *Paris, Renouard*, 1810, pet. in-8, v. m.

638. Othonis Vænii Emblemata Horatiana, latino, german., gallico et belgico carmine illustrata. *Amstelœd.*, *Wetstenius*, 1684, in-8, fig., v. br.

639. Phædri Fabulæ. L. Ann. Senecæ, ac Publii Syri Sententiæ. *Aureliæ, Couret de Villeneuve*, 1773, pet. in-16, v. j., fil., tr. dor. — Nouvelles Fables de Phèdre, trad. en vers ital., par Petroni, et en prose franç., par Biagioli, avec les notes latines de l'édition originale. *Paris, P. Didot*, 1812, in-8, pap. vél., br. en cart.

640. Manilii Astronomicon Libri V; accessère Ciceronis Aratæa, cum interpretatione gallicâ et notis : edente Al. Pingré. *Parisiis*, 1786, in-8, 2 vol., d.-rel., dos de mar. v.

641. L'Etna de P. Corn. Severus, et les Sentences de Pub. Syrus, trad. avec le texte et des remarques (par J. Accariás de Serionne). *Paris, Chaubert*, 1736, in-12, v. m. — Valerius Flaccus, trad. en prose (avec le texte) par M. Caussin de Perceval. *Paris, Panckoucke*, 1829, in-8, d.-rel., dos de v. v.

642. Pub. Ovidii Nas. Opera. *Lugd.-Batav., Raphelingius*, 1590, in-64, bas. br. — M. Ann. Lucani Pharsalia, ex emendatione Hugoni Grotii. *Amst., Ludov. Elzevirius*, 1657, in-24, v. f., fleurdelisé, tr. dor.

643. Ovidii Opera, cum integris Nic. Heinsii, lectissimisque variorum notis , studio B. Cnippingii. *Lugd.-Batav.*, *ex offic. Hackianá*, 1670, in-8, fig., 3 vol., v. br.

644. Ovidii Opera quæ supersunt. *Parisiis , J. Barbou*, 1762, in-12, 3 vol., v. f., fil., tr. dor.

645. Ovidius de arte amandi et de remedio amoris, cum comento Barth. Merulæ. *Lugduni, P. Mareschal*, 1497, in-4 , v. br.

646. Les Métamorphoses d'Ovide, en latin, trad. en franç., avec des remarques et des explications historiques , par l'ab. Banier. *Amst., Wetsteins*, 1732, gr. in-fol., fig. de B. Picart et autres, mar. v., fil., tr. dor.

647. Les Amours mythologiques, trad. des Métamorphoses d'Ovide, par M. de Pongerville. *Paris, Dondey-Dupré*, 1826, gr. in-18, pap. vél., fig., br.

648. L'Art d'aimer , les Fastes et les Métamorphoses d'O-vide , traduct. en vers fr., avec le texte et des notes, par de Saint-Ange, et Mélanges de poésie du traducteur. *Paris*, 1802-1809, in-12, 7 vol. bas. rac.

649. Lucanus de bello civili, cum Hug. Grotii et variorum notis, accurante C. Schrevelio. *Lugd.-Batav., Hackius*, 1658, in-8, v. br. — Cl. Claudiani quæ exstant. Nic. Heinsius recensuit ac notas addidit. Accedunt selecta variorum Commentaria. *Amstel., ex offic. Elzev.*, 1665, in-8, v. br.

650. La Pharsale de Lucain , en vers franç., par de Bre-bœuf. *Leide , J. Elsevier*, 1658 , pet. in-12. fig. , v. f., fil.

651. La Pharsale de Lucain, trad. en franç., par Marmon-tel. *Paris, Merlin*, 1766, in-8, fig., 2 vol. , v. m. allem., fil. — Suite et conclusion de la Pharsale de Lu-cain , trad. en franç. du Poëme latin de Th. May , par P.-L. Cormiliolle, suivie du tableau de la guerre civile de Pétrone. *Paris, Bobée*, 1819, in-12, d.-rel.

652. Seconde guerre punique de Silius Italicus, trad. avec le texte, par Lefebvre de Villebrune. *Paris*, 1781 , in-12, 3 vol., v. m., fil.

653. Valerii Martialis Opus, cum commentariis Domi-tii Calderini. *Venitiis*, 1580, in-fol., v. br. — Valerii Flacci Argonauticon libri VIII, cum Ægidii Maserii commentariis. *Parisiis, Jod. Badius Ascensius*, 1519, in-fol., parch.

654. Martialis Epigrammatum libri XV, à Laur. Ramirez
de Rado novis commentariis illustrati. *Parisiis, Son-
nius,* 1607, in-4, bas. m.
655. Persius enucleatus, sive Commentarius in Persium,
studio Dav. Wedderburni. *Amst., D. Elzev.,* 1664,
in-12, parch.
656. Joa.-Chr.-Frid. Meister Commentatio in Auli Persii
Flac. satyram quartam. *Traj. ad Viadrum,* 1807, pet.
in-8, pap. vél., mar. r., fil., doublé de tab., tr. dor.

Édition dédiée par Meister à M. Daru.

657. Satires de Perse, traduction en prose, avec le texte
et des notes, par l'ab. Le Monnier. *Paris, C. Ant.
Jombert,* 1771, pet. in-8, v. éc. — Satyres de Juvénal,
trad., avec le texte, en vers franç., par M. Méchin.
Paris, P. Didot, 1817, in-8, 2 part. en 1 vol., d.-rel.
658. Satires de Juvénal, traduites (avec le texte et des
notes) par J. Dusaulx. *Paris, Merlin,* 1803, in-8,
2 vol., v. rac.
659. La Thébaïde de Stace, traduite par Cormiliolle. *Paris,
Hardouin,* 1783, in-12, 3 vol., v. m.
660. Les OEuvres de Stace, trad., avec le texte, par Cormiliolle. *Paris, Delalain,* 1820, in-12, 5 vol., d.-rel.
661. Aur. Prudentius. *Amst., G. Costus,* 1625. = Au-
sonius. *Ibid., Jansonnius,* 1621, in-24, réglé, v. br.,
fil., tr. dor. — L. et M. Annæi Senecæ tragœdiæ, cum
notis Th. Farnabii. *Amst., Dan. Elzevir.,* 1678,
in-24, v. m.
662. Prudentii quæ exstant. Nic. Heinsius recensuit et
animadversiones adjecit. *Amst., Dan. Elzev.,* 1667,
pet. in-12, v. br.
663. OEuvres complettes de Claudien, trad., avec le texte
et des notes, par M. Delatour. *Paris, Dugour,* an vi
(1798), in-8, 2 vol., bas. rac.
664. OEuvres d'Ausone, trad. (avec le texte et des remarques) par l'ab. Jaubert. *Paris, Delalain,* 1769, pet.
in-12, 4 vol., bas. m.
665. Dionysii Catonis Disticha de moribus, cum notis
varior., recensuit, suasque adnotationes addidit Otto
Arntzenius. *Amst., ex offic. Schouteniana,* 1754,
in-8, v. m.
666. N. Acc. Plautus, ex fide atque autoritate complurium

librorum mss. , operâ Dion. Lambicii emendatus, ab eodemque commentariis explicatus. *Lutetiæ , Joa. Macæus*, 1576, in-fol. , v. j., fleurdelisé, tr. dor.

667. Plauti Comœdiæ. Accedit Commentarius ex variorum notis et observationibus, ex recensione J.-F. Gronovii. *Lugd.-Batav. , ex offic. Hachianâ,* 1669, in-8, mar. r. , dent., tr. dor.,

668. Plauti Comœdiæ quæ supersunt. *Parisiis, Barbou,* 1759, in-12, 3 vol., v. f., fil., tr. dor.

669. Les Comédies de Plaute, avec des ·notes et des réflexions, par Gueudeville. *Leide, P. Vander Aa,* 1719, in-12, fig., 10 vol., bas. m.

670. P. Terentii Comœdiæ sex, ex recensione Heinsianâ. *Lugd.-Bat., ex offic. elzevir. ,* 1635, pet. in-12, mar. vert , dent., tr. dor.

Bonne édition.

671. P. Terentii Comœdiæ sex ; interpretatione et notis illustravit Nic. Camus, in usum D. *Parisiis, Fr. Leonard,* 1675, in-4, v. br.

672. Terentii Comœdiæ VI. Accesserunt variæ lectiones è libris mss. depromptæ. *Lutet.-Parisior., Le Loup,* 1753, in-12, 2 vol., v. j., fil., tr. dor.

673. Les Comédies de Térence, avec la traduct. et les remarques de Mme. Dacier. *Rotterd., G. Fritsch,* 1717, pet. in-8, fig., 3 vol., v. br.

674. Les Comédies de Térence , trad., avec le texte et des notes , par Le Monnier. *Paris, Jombert,* 1771, in-8 , fig., 3 vol., v. rac.

675. L. Ann. Senecæ Tragœdiæ. J. F. Gronovius recensuit. Accesserunt ejusdem et Varior. notæ. *Lugd.-Batav., et offic. elzev.,* 1661, in-8, v. br. — Théâtre de Sénèque , trad. avec des notes historiques et critiques, par L. Coupé. *Paris, J. Honnert,* 1795, in-8, 2 vol., bas. rac.

V. *Poëtes latins modernes. Poëtes macaroniques.*

676. Deliciæ poetarum scotorum hujus ævi illustrium. *Amstel., Joh. Blaeu,* 1637, pet. in-12, 2 tom. en 1 vol., v. br. , fil. *Mouillé.* — Poetæ elegantissimi

emendati et aucti, Mich. Marullus; Hieron. Ange-
rianus; Joan. Secundus. *Parisiis, P. Duvalius*, 1582,
in-16, parch.

77. Poëmata didascalica nunc primùm vel edita, vel
collecta. *Parisiis, Le Mercier*, 1749, in-12, 3 vol.,
v. m.

678. Stultifera navis mortalium, olim à Sebastiano Brandt
conscripta et per Jacobum Locher latinitate donata.
Basileæ, Seb. Henricpetrus, 1572, pet. in-8, fig.,
v. br.

679. Les Éclipses, par Boscovich, trad. en franç. par de
Barruel. *Paris, Valade*, 1779, in-4, v. m. — Car.
Noceti è S. J., de Iride et Aurora boreali Carmina,
cum notis Jos.-Rog. Boscovich. *Romæ, ex typogr. Palladis*, 1747, in-4, bas. br.

680. Baisers et Élégies de Jean Second, avec le texte lat.,
accompagnés de plusieurs morceaux de Théocrite, d'A-
nacréon, de Guarini, du Tasse, trad. en vers franç.,
suivis de quelques baisers inédits, par P.-F. Tissot.
Paris, Fain, 1806, in-12, v. rac.

681. Sarcotis Carmen, auctore Jac. Masenio, curâ et
studio J. Dinouart. *Parisiis, Barbou*, 1757, in-12,
v. f., fil., tr. dor. — Telemachiada è gallico sermone
Fr. de Fenelon in latinum carmen transtulit Steph.
Bern. Viel. *Parisiis, A. Delalain*, 1814, in-12, pap.
vél., cart. à la Bradel.

682. L'Anti-Lucrèce, par le cardinal de Polignac, trad. par
de Bougainville, avec le texte latin. *Paris, V^e. Savoye*,
1767, pet. in-12, 2 vol., bas. éc. — Le même, trad.
en vers français, par Bérardier de Bataut. (*Paris*),
Berton, 1786, in-12, 2 vol., v. f., fil.

683. Le même, en vers franç., avec le ixe. et le dernier
chant, ajoutés à l'original, par Jeanty Laurens; et la
traduction en vers latins du ixe. chant par l'abbé
G. Massein. *Auch, Duprat*, 1813, in-8, d.-rel.

684. Longi sophistæ Pastoralia lesbiaca sive de Amoribus
Daphnidis et Chloes, poema è textu græco in latinum
numeris heroicis deductum, operâ P. Petit-Radel.
Parisiis, H. Agasse, 1809, in-8, v. f., fil., tr. dor.

685. Jo.-B. Santolii Opera poetica. *Parisiis, Thierry*,
1694, in-12, v. m., fil., tr. dor. — Hymni sacri et

novi, autore eodem. *Ibid.*, 1698, in-12, v. éc., fil.,
tr. dor.

686. Jos. Scaligeri poemata omnia, ex museio P. Scriverii. *Lugd.-Bat.*, *Raphelingius*, 1615, pet. in-12,
parch.

687. Q. Sectani (Lud. Sergardi) Satyræ. Accedunt ar-
gumenta, ac indices, nec non commentaria ex notis,
anonymis, concinnante P. Antoniano (Emman. Mar-
tino). *Amstel.*, *Elzevirii (Neapoli)*, 1700, pet. in-4,
2 vol., parch.

688. Philosophiæ recentioris à Bened. Stay versibus tra-
ditæ libri X; cum adnotationibus, et supplem. Josephi
Boscovich. *Romæ, typis Nic. et Marc. Palearini*,
1755, 1760 et 1792, gr. in-8, 3 vol., v. f., fil.

689. Opus Merlini Cocaii poetæ Mant. Macaronicorum,
totum in pristinam formam per Acquarium Lodolam
redactum. *Amstel., Abr. A Someren*, 1692, pet. in-8,
fig., mar. bl., dent., tr. dor.

VI. *Poëtes français.*

690. Poétique françoise, par Marmontel. *Paris, Lescla-
part*, 1763, in-8, mar. r., dent., tr. dor.

691. Dictionnaire de rimes, par P. Richelet, augmenté
par Berhelin. *Paris*, 1781, in-8, v. m. — Dictionnaire
portatif des rimes, par L. Philipon de la Madelaine.
Paris, Capelle et Renand, 1806, gr. in-18, cart. à la
Bradel.

692. Choix des poésies originales des Troubadours, par
M. Raynouard. *Paris, F. Didot*, 1816-21, gr. in-8,
6 vol., d.-rel.

693. Fabliaux et Contes des poètes françois des XIIe.,
XIIIe., XIVe. et XVe. siècles, tirés des meilleurs auteurs
(par Barbasan). *Paris, Vincent*, 1756, pet. in-12,
3 vol., bas. éc., fil.

694. Fabliaux ou Contes du XIIe. et du XIIIe. siècle ; et
Contes dévots, Fables et Romans anciens, trad. ou
extraits d'après divers manuscrits du temps, avec des
notes (par Legrand d'Aussy). *Paris*, 1779 et 1781,
in-8, 4 vol., v. f.

695. Recueil des plus belles pièces des poëtes françois,
depuis Villon jusqu'à Benserade. *Paris, Prault,* 1752,
pet. in-12, 6 vol., v. m.

696. Les Poésies du roy de Navarre (Thibault), avec des
notes et un glossaire, précédées de l'Histoire des révolutions de la langue françoise (par Levesque de la
Ravallière). *Paris, Guérin,* 1742, pet. in-8, 2 tom. en
1 vol., v. m., fil.

697. Le Roman de la Rose, par Guill. de Lorris et Jean
de Meung, avec des notes par Lenglet Dufresnoy, et un
glossaire par Lantin de Damerey. *Paris, Fournier,*
an VII, 1798, gr. in-8, pap. vél., fig., 5 vol., mar. r., dent.,
tr. dor.

698. Le même, nouvelle édition, revue et corrigée sur
les meilleures éditions et plus anciens mss., par Méon.
Paris, P. Didot l'aîné, 1813, in-8, gr. pap. vél., fig.,
4 vol., mar. r., dent., d. de moire, tr. dor.

699. Œuvres de François Villon, avec les remarques de
diverses personnes (de Laurière, Leduchat et autres).
La Haye, Moetjens, 1742, pet. in-8, 3 part. en 1 vol.,
v. m.

700. Les Œuvres de Clément Marot. *Lyon, à l'enseig.
du Rocher,* 1545, pet. in-8, 2 vol., bas. f. *Mouillé.*

701. Les mêmes. *La Haye, Adr. Moetjens,* 1700, pet.
in-12, 2 tom. en 1 vol., v. br.

702. Œuvres de Clément Marot, avec les ouvrages de
J. Marot et de Michel Marot, accompagnés d'observa-
tions critiques (par Lenglet Dufresnoy). *La Haye,
P. Gosse,* 1731, pet. in-12, 6 vol., v. f.

703. Le Chevalier délibéré, par Olivier de la Marche.
Gr. in-4, parch.

Ms. du XVe siècle.

704. Les Loups ravissans, dit le Doctrinal moral, où
chascun pourra facillement congnoistre que c'est de bien
et fuyr mal, avec les exemples joinctes à chascun
(par Robert Gobin). *Paris, Phil. Lenoir, sans date,*
pet. in-4, goth., fig., v. f.

705. Œuvres poétiques de Mellin de Saint-Gelais. *Paris,*
1719, pet. in-12, v. br.

706. Les Œuvres de P. Ronsard. *Paris, Nic. Buon,*
1609, in-fol., réglé, mar. v., tr. dor.

Exempl. en gr. pap.

707. Les OEuvres et Meslanges poétiques d'Estienne Jodelle S. du Lymodin. *Paris, Chesneau, 1574, in-4,* réglé, v. f., à compart., fil., tr. dor.

708. L'Uranologie, ou le Ciel de J. Edouard du Monin. *Paris, Guil. Julien, 1583,* pet. in-12, mar. citr., fil., tr. dor.

709. Les OEuvres de G. de Saluste S'. du Bartas. *Paris, Toussainetz Du Bray, 1611,* in-fol., fig., v. f.

710. La Henriade et la Loyssée, de Séb. Garnier. *Paris, Musier, 1770,* in-8, v. m.

711. Jardin d'hyver, ou Cabinet des fleurs contenant en XXVI élégies, les plus rares et signalez fleurons des plus fleurissans parterres, par J. Franeau. *Douay, P. Borremans, 1616,* in-4, fig., parch.

712 Les Satyres et autres œuvres de Regnier, avec des remarques (par Lenglet Dufresnoy). *Londres, Lyon et Woodman, 1729,* gr. in-4, fig., bas. m.

713. Les OEuvres de François de Malherbe. *Paris, Ch. Chappellain, 1630,* in-4, v. br. *Mouillé.*

714. Les Chevilles de M°. Adam. *Paris, T. Quinet, 1644,* in-4, v. br. —Le Villebrequin de M°. Adam. *Paris, de Luynes, 1663,* in-12, v. br.

715. Poésies diverses, par de Scudéry, 1649.==Le Cabinet de Scudéry. *Paris, Aug. Courbé, 1646,* in-4, parch. — Les OEuvres de Maynard. *Paris, Aug. Courbé, 1646,* in-4, parch. — Les OEuvres du S. de Saint-Amant. *Paris, T. Quinet, 1651,* in-4, parch. *Mouillés.*

716. Poésies burlesques, contenant plusieurs epistres à diverses personnes de la cour..., par Loret. *Paris, Ant. de Sommaville, 1647,* in-4, parch. — Poësies galantes et héroïques du S. Tristan l'Hermite ; suivi de Moyse sauvé, idylle héroïque du S. de Saint-Amant. *Paris, J.-B. Loyson, 1662,* in-4, v. br.

717. Moyse sauvé, par de Saint-Amant. *Leyde, J. Sambix, 1654,* in-12, v. br., fil.

Les 3 prem. feuillets tachés.

718. Saint Louys, ou la Sainte Couronne reconquise, poëme héroïque par le P. P. le Moyne. *Paris, Aug. Courbé, 1658,* in-12, bas. —Alaric, ou Rome vaincue, poëme héroïque, par de Scudéry. *Paris, Courbé, 1659,* in-12, fig., bas.

719. OEuvres de Segrais. *Paris, Durand*, 1755, pet. in-12, 2 vol., v. m.

720. Recueil de quelques pièces nouvelles et galantes, tant en prose qu'en vers. *Colog., P. du Marteau (à la Sphère)*, 1667, pet. in-12, 2 part. en 1 vol., v. br.

721. OEuvres de Mad. et de Mlle. Deshoulières. *Paris*, 1754, pet. in-12, 2 vol., v. m. — OEuvres diverses de l'abbé de Chaulieu. *Londres, J. Nours*, 1740, in-8, 2 tom. en 1 vol., v. br. — OEuvres de Gresset. *Londres, Ed. Kelmarneck*, 1765, in-12, 2 vol., bas. m.

722. Recueil de poésies manuscrites, in-fol., rel. en cart., dont : Satire, Dialogue d'un père, vieil officier, avec son fils. Ode à l'ombre de Turenne. Édit de l'amour. Testament de Charles IV, duc de Lorraine. Voyage de l'Amour et de l'Amitié.... La Chronique véritable du preux chevalier Philippus d'Aurelie, où l'on voit faits d'armes, amours et autres joyeuses aventures de plusieurs barons et nobles dames, 1716. La Chambre de justice, ode, 1715. Catalogue des livres nouveaux, distribués en 1717. Noels nouveaux, 1717. Le Tonnerre, conte, etc., etc.

723. Recueil de pièces fugitives (en vers). In-fol., br. en cart.

Ms. d'environ 700 pages, contenant près de 600 pièces, la plupart satiriques et anecdotiques, sur les personnes ou sur les événemens de la fin du xviie. siècle. *Écriture du temps.*

724. Commentaire sur la Henriade, par de la Beaumelle, revu et corrigé par F*** (Fréron). *Paris, Le Jay*, 1775, in-8, 2 vol., d.-rel.

725. Clovis, poëme héroï-comique, avec des remarques historiques et critiques (par Lejeune). *Paris, Fournier*, 1763, in-12, 3 vol., v. m. — La Louiséide, ou Histoire de l'expédition de St.-Louis à la Terre Sainte (par le même). *Paris, Nyon l'aîné*, 1779, in-8, v. éc., fil. — La Colombiade, par Mme. Duboccage. *Paris, Desaint*, 1756, in-8, fig., bas. m.

726. OEuvres complettes de M. le C. D. B***. (le card. de Bernis). *Londres*, 1771, in-8, 2 vol., bas. m. — OEuvres complètes de Gilbert. *Paris, Le Jay*, 1788, in-8, d.-rel.

727. Les Mois, poëme, par Roucher. *Paris, Quillau*,

1779, in-18, 4 tom. en 2 vol., d.-rel. — Les Paysages,
ou Essais sur la nature champêtre, poëme, avec notes,
par Cl.-Fr. Lezay-Marnésia ; suivi d'Apelle et Campaspe,
de plusieurs pièces fugitives, etc. *Paris, Louis,* 1800,
in-8, d.-rel. — Géorgiques françaises, poëme ; suivi
d'un Traité complet de poésie géorgique, par M. Rou-
gier de Labergerie. *Paris, Rousselon,* 1824, 2 vol., br.

728. Les Jeux de mains, par C. De Rulhière ; suivi de
son Discours sur les disputes. *Paris, Desenne aîné,*
1808, in-8, v. rac.—OEuvres diverses d'Évariste Parny.
Paris, Debray, 1802, in-12, 2 tom. en 1 vol., v. rac.,
fil., tr. dor.

729. OEuvres de P. D. (Ecouchard) Le Brun, publiées
par P. L. Ginguené. *Paris, Gabr. Warée,* 1811, in-8,
4 vol., bas. porph.

730. Tableau historique de l'état et des progrès de la
littérature française, depuis 1789, par M. Jos. de Chénier. *Paris, Maradan,* 1816, 1 vol.—Théâtre, du même.
1818, 3 vol. ; ces 4 vol., v. m. allem., fil. — Poésies
diverses, et Fragmens du Cours de littérature fait à
l'Athénée de Paris, en 1806 et 1807, par le même.
Paris, Maradan, 1818, in-8, 2 vol., d.-rel. — OEuvres
complètes d'André de Chénier. *Paris, Baudouin frères,*
1819, in-8, d.-rel., dos de v., fers à froid.

731. Le Fond du sac renouvelé, ou Bigarrures et Passe-
temps de l'Aristenète français (par M. Fél. Nogaret).
Paris, Capelle et Renand, 1805, in-18, 3 vol., d.-rel.
Avec une longue lettre autographe à M. Daru. —
Apologues et Nouveaux contes en vers, par le même.
Orléans, 1814, in-18, d.-rel. — Nouveaux contes en
vers, par le même. *Ibid.,* 1814, in-18, d.-rel. *Avec une
caricature.*

732. L'Imagination, poëme (avec des notes), par Jac.
Delille. *Paris, Giguet et Michaud,* 1805, gr. in-8, fig.,
2 vol., v. rac. — L'Homme des champs, par le même.
Paris, P. Didot, 1805, gr. in-8, pap. vél., br. en
cart.

733. La Sphère, poëme, avec des notes, par D. Ricard.
Paris, Le Clerc, 1796, in-8, br.—Astronomie, poëme,
par P. Villemer. *Édimbourg, R. Wallace,* 1824, gr.
in-8, pap. vél., br. en cart.

734. L'Astronomie, poëme (avec notes), par Ph. Gudin.

Paris, F. Didot, 1810, in-8, d.-rel. —La Conquête de Naples par Charles VIII, par P. G. (Ph. Gudin): *Paris, Fuchs*, 1801, in-8, 3 vol., d.-rel., dos de mout. mar. v.

735. La Navigation, par Esménard. *Paris, Giguet et Michaud*, 1806, in-8, v. porph.

736. La Danse, ou les Dieux de l'Opéra, poëme, par J. Berchoux. *Paris, Giguet et Michaud*, 1806, in-12, v. rac.

737. La Chézonomie, par Ch. R*** (Rémard). *Scoropolis, Paris, Marlin*, 1806, in-12, pap. vél., br. en cart.

738. Bataille d'Hastings, ou l'Angleterre conquise, par Dorion. 1806. = L'Italie, avec notes, par J. L. Brad. *Paris*. = Les Normands en Italie, ou Salerne délivrée. 1818. = Les IV âges de la femme, poëme, trad. de l'allem. de Zacharie, avec le texte. = Le Printemps, trad. de Klein ; et les Alpes, poëme, trad. avec le texte allem. de Haller. In-8, d.-rel., dos de v. gaufré.

739. Gênes sauvée, ou le Passage du mont St.-Bernard, par Morin. *Paris, Michaud*, 1809, gr. in-8, d.-rel. — Palmyre conquise, poëme (avec notes), par Dorion. *Paris, Delaunay*, 1815, in-8, d.-rel.

740. Les Amours épiques, poëme, par M. Parseval Grand-maison. *Paris, Dentu*, 1806, in-8, d.-rel. — Philippe-Auguste, par M. F. A. Parseval. *Paris, A. André*, 1826, pet. in-12, 2 vol., d.-rel., dos de v. viol.

Avec envoi signé de l'Auteur.

741. A l'Ombre de Rascovia, comtesse de Schérémeloff, élégie (par M. Alex. Duval). *Paris, P. Didot*, 1804, très gr. in-8, pap. vél., fig., cart. à la Bradel. — Les Tombeaux de St.-Denis, et l'Héroisme de la piété fraternelle, élégies, par Treneuil. *Paris, Dentu*, 1808, gr. in-8, br. en cart.

742. Poëmes élégiaques, précédés d'un Discours sur l'élégie héroïque (avec des notes), par Treneuil. *Paris, F. Didot*, 1827, in-8, d.-rel., dos de v. f.

743. De M. Viennet : Épîtres diverses, 1 vol. — Épîtres diverses et Dialogues des morts, 1 vol. — La Philippide, poëme. *Paris, A. Dupont*, 1827 et 1828, 2 vol. ; les 4 vol. in-12, br.

743 *bis*. OEuvres de Venance, publiées par M. Aug. de Labouisse. *Paris, Delaunay*, 1810, gr. in-16, pap. vél.,

bas. rac. — Les Amours, à Éléonore. Recueil d'élégies, par de Labouisse. *Paris, P. Didot,* 1818, gr. in-18, pap. vél., br.

744. Couronne poétique de Napoléon, ou Choix de poésies composées en son honneur. *Paris, Arth. Bertrand,* 1807, in-8, pap. vél., d.-rel., dos de mar. r., non rognés.

745. Odes sur le mariage de S. M. I. et R. avec Marie-Louise d'Autriche, et sur la naissance du roi de Rome, par Hipp. de Bardin. *Paris, Michaud,* 1811, gr. in-8, pap. vél., rel. en cart. pap. mar., fil., tr. dor. — La Ville d'Amsterdam à LL. MM. I. et R., chant triomphal, paroles de M. de Chazet, 1811, in-4, mar. r., dent., d. de tabis.

746. Hommages poétiques à LL. MM. I. et R., sur la naissance de S. M. le roi de Rome, recueillis et publiés par MM. Lucet et Eckard. *Paris, Prudhomme,* 1811, in-8, pap. vél., 2 vol., br.

747. L'Enfant prodigue, avec notes, par M. Campenon. *Paris, Delaunay,* 1811, in-8, d.-rel. — Poëmes et Opuscules en vers et en prose, par le même. *Paris, Ladvocat,* 1823, gr. in-18, fig., 2 vol., d.-rel.

748. De M. Népom.-L. Lemercier : L'Atlantide, ou la Théogonie newtonienne, poëme. *Paris, Pichard,* 1812, in-8, pap. vél., cart. à la Bradel. *Avec envoi de la main de l'auteur.* — La Mérovéide, ou les Champs catalauniques, poëme. *Paris, F. Didot,* 1818, in-12, d.-rel. *Envoi de l'auteur.* — Moyse, poëme. *Paris, Bossange père,* 1823, in-8, br.

749. Les Troubadours, poëme. *Paris, F. Didot,* 1813, gr. in-8, pap. vél., v. rac., dent., tr. dor.

750. Odes héroïques, par L. de Cormenin. *Paris, Ant. Bailleul,* 1813, in-4, gr. pap. vél., pap. mar. r., dent.

751. De François de Neufchâteau : Fables et Contes en vers, suivis des poëmes de la Lupiade et de la Vulpéide. *Paris, P. Didot,* 1815, 2 vol. — Les Tropes, ou les Figures des mots, poëme avec des notes. *Delaunay,* 1817, pap. vél., 1 vol. — Paméla, ou la Vertu récompensée, comédie en cinq actes. *Senlis, impr. de Tremblay,* 1823, pap. vél., 1 vol. ; les 4 vol. in-12, d.-rel.

752. La Luciniade, par Sacombe. *Nismes, l'Auteur,* 1815, in-8, d.-rel.

53. Les Trois âges, ou les Jeux olympiques, l'amphi-
théâtre et la chevalerie. *Paris, F. Didot,* 1816, in-12,
d.-rel. — La Byzanciade, poëme (avec notes), par l'auteur des Trois âges. *Paris, F. Didot,* 1822, in-8,
d.-rel.

54. Charlemagne, ou la Caroléide, avec notes, par
M. d'Arlincourt. *Paris, Le Normant,* 1818, in-8, pap.
vél., fig., 2 tom. en 1 vol., d.-rel.—Ismalie, ou la Mort
et l'Amour, roman-poëme, par le même. *Paris, Ponthieu,*
1828, in-8, 2 vol., br.

55. Essai sur le sublime, poëme, par M. de Charbonnières,
Paris, Maradan, 1803, in-8, pap. vél., cart. à la Bradel.
— Méditations poétiques, par M. Alph. de Lamartine.
Paris, P. Didot, 1820, gr. in-8, d.-rel. — Poésies de
M. Anatole de Montesquiou, 2ᵉ. édition augmentée.
Paris, Ladvocat, 1826, in-12, br.

56. Poésies d'Aug. Rigaud, suivies de quelques pièces
fugitives de Cyr. Rigaud, et d'un supplém. *Paris,
Éverat,* 1820, gr. in-16, pap. vél., br.—Poésies diverses
de Cyr. Rigaud. *Montpel., J.-G. Tournel,* 1821, pet.
in-8, br.

57. De M. Viennet : Épîtres et Poésies, suivies du poëme
de Parga, 1821, = Clovis, tragédie en 5 actes. *Paris,
Ladvocat,* 1820, in-8, d.-rel., dos de v. f. ant.—Sédim,
ou les Nègres, poëme. *Paris, Ponthieu,* 1826, gr. in-18,
pap. vél., br.

58. L'Immortalité de l'âme, ou les Quatre âges religieux,
poëme, avec notes, par M. de Norvins. *Paris, Ladvocat,*
1822, in-8, pap. vél., d.-rel. —Montaigne aux Champs-
Élysées, dialogues en vers, et les Soirées de campagne,
contes en vers. *Paris, Delaunay,* 1823, in-8, d.-rel.

59. Poésies légères, par M. Germain Buisson de Rennes.
Guernesey, Dumaresq, 1822, in-4, fig., pap. vél., br.
Avec envoi de la main de l'Auteur.

60. De M. Cas. Delavigne : Messéniennes et Poésies
diverses. *Paris, Ladvocat,* 1823, gr. in-18, fig., d.-rel.
—Messéniennes nouvelles. *Ibid.,* 1824 et 1827, in-8,
pap. vél., d.-rel., dos de v. bl., fil.
Avec envoi signé de l'Auteur.

61. Essais de poésies, par M. B***. (M. Boscheron).

Paris, F. Didot, 1824, gr. in-8, pap. vél. ; br. —
Poëmes et Chants élégiaques, par Alex. Guiraud. *Paris,
Boulland*, 1824, gr. in-18, fig., br.

762. Le Voyage de Grèce, par P. Lebrun. *Paris, Pon-
thieu*, 1826, in-8, pap. vél., br. — Poésies fugitives,
et la Vendée, poëme par M. Le Prevost d'Iray. *Paris,
Bertrand*, 1826, in-12, 2 vol., br.—Esquisses poétiques,
Sentimens, Loisirs d'un inconnu. *Paris, Dondey-
Dupré*, 1826, in-18, pap. vél., br.

763. Le Livre de Job, trad. en vers franç., avec le texte
de la Vulgate, suivi de notes explicatives, variantes et
de quelques poésies, par M. Levavasseur. *Paris, Delaunay*, 1826, in-8, br.

764. Poésies de Mme. Amable Tastu. *Paris, A. Dupont,*
1826, très gr. in-8, pap. de Chine, texte encadré, br.
Avec envoi de la main de l'auteur et signé. — Chroniques de France, par le même. *Paris, Delangle frères,*
1829, in-8, pap. vél., br.

Aussi avec envoi signé de l'Auteur.

765. La Forêt de Belême, poème, par M. S. Maisony de
Lauréal. *Paris, Pillet*, 1828, gr. in-18, br.—Poésies,
par M. A. Bignan. *Paris, L. Janet*, 1828, gr. in-18,
br.—Poésies européennes, ou Études sur Alfiéri, Bur-
ger, Gay, Walter-Scott, etc., par L. Halevy. *Paris,
Ladvocat*, 1828, in-8, br.

766. L'Alexandréide, ou la Grèce vengée, poëme, par
M. P. David. *Paris, F. Didot*, 1829, in-8, 2 vol., d.-rel.,
dos de v. r., fil. d'or.

Avec 4 pages de variantes de la main de l'Auteur.

767. Israel et Madian, étude de l'antique. Poëme en
3 chants et en prose, in-8, d.-rel.

Ms.

768. Fables de La Fontaine, traduites en vers italiens (le
français en regard), par Et. Egyde Petroni. *Paris, Michaud*, 1811, gr. in-16, pap. vél., 4 vol., cart. à la
Bradel.

769. Fables, Contes et autres poésies, par Fr. Guichard.
Paris, Suret, 1802, in-12, 2 tom. en 1 vol., d.-rel.—
Fables nouvelles, avec prologue et épilogue, mises en

vers français, et accomp. de notes, par E. P. Robert. *Paris, an* VI, *gr.* in-8, pap. fort, rel. à la Bradel.

770. Fables nouvelles, mises en vers, par Mme. Joliveau. *Paris, Collin,* 1807, in-18, 2 vol., d.-rel.—Fables, par Arnault. *Paris, Chaumerot,* 1812, in-12, pap. vél., v. rac., fil.—Fables, par H. Gauldrée de Boilleau. *Paris, Testu et comp.,* 1814, in-12, pap. vél., 2 vol., d.-rel.

771. Fables, par de Stassart. *Paris, Mongie,* 1819, gr. in-12, pap. vél., br. — Apologues, par A. P. Dutramblay. *Paris,* 1822, in-8, d.-rel.—Fables, par Le Bailly. *Paris, Brière,* 1823.=La Chute des Titans et le Retour d'Astrée, cantate, par le même. *Paris, Nepveu,* 1825, in-8, pap. vél., br.—Fables, par Ladoucette. *Paris, Saintin,* 1827. = Notice sur les antiquités de Mont-Seleucus et sur le souterrain du Montviso. *Paris, Masson,* 1824, in-12, d.-rel.

772. Fables nouvelles, par Aug. Rigaud. *Paris, Peytieux,* 1823, in-8, 2 tom. en 1 vol., d.-rel. —Contes et Fabliaux, par le même. *Ibid.,* 1825, in-18, pap. vél., cart. à la Bradel.

773. Anthologie françoise, ou Chansons choisies, depuis le XIIIe. siècle jusqu'à présent (par Monnet). *Paris, Barbou,* 1765, pet. in-8, fig., 3 vol., vél., fil. — Chansons joyeuses, mises au jour par un Ane-Onyme, Onissime (Collé). *Londres, (Paris),* 1765, in-8, v. m.— Recueil de romances historiques, tendres et burlesques, tant anciennes que modernes, avec les airs notés, par D. L*** (de Lusse). *Paris (Barbou),* 1767 et 1774, in-8, 2 vol., v. éc., fil.

774. Recueil de chansons anecdotiques et satiriques, de 1600 à 1742. In-4, 2 vol., d.-rel.

Ms. avec la clef en marge de chaque pièce.

775. Recueil de chansons historiques, depuis le regne de Henri IV jusqu'à cejourd'hui (1714). In-fol., 3 vol., v. f., tr. dor.

Ms. du temps, avec la musique.

776. Recueil de chansons du temps de la fronde, la plupart historiques et satiriques, avec la musique, et une clef donnant un grand nombre de noms. In-fol., 2 vol., br.

777. Recueil de chansons choisies en vaudevilles (avec les airs notés et la clef des personnages), pour servir à l'histoire anecdote depuis 1613 jusqu'en 1733. In-4, 2 vol., v. br.

> A la suite de ce n°. il sera vendu plusieurs autres recueils du même genre.

778. Nouveau Recueil de chansons choisies (avec les airs notés). *La Haye, Neaulme,* 1743, in-12, 8 vol., v. f., fil. — Amusement des compagnies, ou Nouveau Recueil de chansons choisies (avec les airs notés). *La Haye, P. Gosse,* 1761, in-12, 2 vol., v. f., fil.

779. Chansons choisies, avec les airs notés. *Genève,* 1782, in-18, 4 vol., v. f., fil. — Chansons choisies de M. de Coulange. *Paris, Valleyre fils,* 1754, in-12, v. br. — Recueil complet des chansons de Collé. *Paris,* 1807, in-18, 2 tom. en 1 vol., v. rac., fil.

780. Les A-propos de société et les A-propos de la Folie, ou Chansons de M. L. (Laujon). *Paris,* 1776, in-8, fig., 3 vol., v. m.

781. OEuvres choisies de P. Laujon. *Paris, Patris,* 1811, in-8, 4 vol., d.-rel.

782. Mes Passe-Temps; chansons suivies de l'art de la danse, poëme par Despréaux. *Paris, l'Auteur,* 1806, in-8, pap. vél., fig., 2 vol., br. en cart.

783. Satiriques du xviii°. siècle (publiés par M. Colnet). *Paris, Colnet,* an viii et an ix, in-8, 6 vol., d.-rel.

784. L'Almanach des Muses, ou Choix des meilleures pièces de poésies fugitives. De 1764 à 1789, de 1792 à 97, de 1800 à 1811, 26 vol. pet. in-12, vel. vert; plus, l'année 1814. v. gr., fil., et les années 1812 et 1817, br.

785. Las obros de P. Goudelin, augmentados de forço péssos, é le Dictionnari sus la lengo moundino. *Toulouso, Pech,* 1694, in-12, v. br.

785 *bis.* Fables, Contes, et autres pièces, en vers patois de Montpellier, par M. Aug. Tandon. *Montpel., Renaud,* 1813, gr. in-8, pap. vél., mar. r., dent., tr. dor.

> En tête du volume est un envoi à M. Daru, en vers patois, signé de l'Auteur.

786. Lou Siéché dé Cadaroussa, pouèma patois, séguit d'aou sermoun de moussu Sistré, et d'aou trésor de

substantioun. *Mountpéiè, Aug. Ricard*, gr. in-8, pap.
vél., d.-rel., dos de mar. r., non rogné.

87. Bibliothèque du Théâtre Français, depuis son origine (par le duc de la Vallière et Marin). *Dresde (Paris)*,
1768, pet. in-8, 3 vol., v. m., fil.

88. Histoire du Théâtre Français, depuis son origine,
avec la vie des plus célèbres poëtes dramatiques (par les
frères Parfait). *Paris, Le Mercier*, 1745-49, in-12,
15 vol., v. br.

289. Histoire du Théâtre Français, depuis le commencement de la révolution, par C. G. Etienne et A. Martain-
ville. *Paris, Barba,* 1802, in-12, portr., 4 tom. en 2 vol.,
v. rac.

790. Annales dramatiques, ou Dictionnaire général des
théâtres, par une société de gens de lettres. *Paris, Ba-
bault,* 1808-1811, in-8, d.-rel., dos de v. viol. *Tomes
1 à 7.*

791. Le Théâtre Italien de Ghérardi, ou le Recueil général
de toutes les comédies et scènes françaises jouées par les
comédiens italiens du Roi. *Paris, P. Witte,* 1717, in-12,
6 vol., v. br. — Le nouveau Théâtre Italien. *Paris,
Briasson,* 1733 à 1736, in-12, 9 vol. v. m. — Les Paro-
dies du nouveau Théâtre Italien. *Paris, Briasson,* 1731,
in-12, 3 vol., v. m.

792. Recueil de divers ballets exécutés de 1617 à 1671,
in-4, dont : Discours au vray du ballet dansé par le Roi,
le 29 janvier 1617, fig., in-4, v. br.

793. Théâtre et OEuvres diverses de P. Corneille. *Paris.
V^e. Cavelier,* 1755, in-12, 7 vol., v. m. — Poëmes
dramatiques de T. Corneille. *Paris, David père,* 1748,
in-12, 5 vol., v. m.

794. Théâtre de Quinault. *Paris,* 1778, in-12, 5 vol., v.
f., fil., tr. dor.

795. OEuvres de Molière, avec des remarques et des
observations, par Bret. *Paris,* 1773, in-8, fig., 6 vol.,
mar. r., fil., tr. dor.

796. Les OEuvres de Raymond Poisson. *Paris,* 1743,
in-12, 2 vol., v. m. — OEuvres de La Fosse. *Paris,
la Compagnie des Libraires,* 1755, in-12, 2 vol.,
bas. m. — OEuvres de Théâtre de Le Sage. *Paris, V^e.
Duchesne,* 1774, in-12, 2 vol., v. m.

797. OEuvres de J. Racine, avec des commentaires, par

Luneau de Boisjermain. *Paris*, 1768, in-8, fig., 7 vol., v. m., fil.

798. OEuvres complettes de J. Racine, avec le commentaire de La Harpe... *Paris, H. Agasse*, 1807, in-8, fig., 7 vol., v. rac.

799. Les OEuvres de Regnard. *Paris*, 1742, in-12, 4 vol., v. f.

800. OEuvres dramatiques de Nér. Destouches. *Paris, I. R.*, 1757, in-4, 4 vol., v. m., fil.

801. OEuvres de Théâtre de Nivelle De La Chaussée. *Paris, Prault*, 1741, in-12, 3 vol., v. m.—OEuvres de Théâtre de M**** (De Voisenon). *Paris, Duchesne*, 1753, in-12, v. m.

802. OEuvres de Crébillon. *Paris, I. R.*, 1750, in-4, 2 vol., v. m.

803. Théâtre et OEuvres diverses de Pannard. *Paris, Duchesne*, 1763, in-12, 4 vol., v. m. — Le Théâtre de Marivaux. *Amst., Arkstée et Merkus*, 1756, in-12, 4 vol., bas. m.

804. Théâtre de Lemierre. *Paris, Duchesne*, an VIII, in-8, v. br. j. — Nouveaux Proverbes dramatiques, par Carmontelle. *Paris, Le Normant*, 1811, in-8, 2 vol., d.-rel.—Théâtre de P. F. N. Fabre d'Eglantine. *Paris, Prault*, 1791, in-8, v. br. j.

805. De Cailhava : Théâtre. *Paris*, 1781, 4 vol.—De l'Art de la comédie. *Paris*, 1782, 2 vol.—Etudes sur Molière. *Paris, Debray*, 1802, 1 vol. Les 6 vol. in-8, v. éc., fil., tr. dor.

806. Théâtre et Poésies fugitives de J. F. Collin d'Harleville. *Paris, Duminil-Lesueur*, 1805, in-8, pap. vél., 4 vol., v. rac. r., dent., tr. dor.

807. Les mêmes. Nouvelle édition, avec une notice sur sa vie. *Paris, Janet et Cotelle*, 1821, gr. in-8, pap. vél., 4 vol., br.

808. 42 pièces de L. B. Picard, in-8, réunies en 5 vol., v. rac.

809. Théâtre de L. B. Picard. *Paris, Mame*, 1812, in-8, 6 vol., v. gr.

810. OEuvres complètes d'Alex. Duval. *Paris, J. N. Barba*, 1822 et 1823, in-8, 9 vol., d.-rel., dos de v. viol., fers à froid.

811. OEuvres de M. Andrieux. *Paris, Nepveu,* 1818 et
1823, in-8, fig., 4 vol., bas. rac., fil.
812. Blanchard, ou le Siège de Rouen, tragédie, par Ant.
Vieillard Boismartin. == Théramène, ou Athènes sauvée,
tragédie, par le même. *Saint-Lô, P. F. Gomont,* 1793,
in-8, v. éc., fil., tr. dor. — La Mort de Henri IV, trag.,
par Legouvé. *Paris, Renouard,* 1806, gr. in-8, pap.
vél., v. rac., fil., tr. dor.

Avec envoi de la main de Legouvé.

813. Le nouveau Réveil d'Epiménide, comédie épisodique,
en prose, par MM. Etienne et Gaugiran-Nanteuil. *Paris,
Mad. Masson,* 1806, in-8, mar. r., dent., tr. dor. —
Werther, drame en prose, par B. C. Gournay. *Paris,
Belin fils,* 1806, in-8, cart. à la Bradel. — Ali, ou les
Karégites, tragédie en vers, par M. B. F. Fonvielle.
Paris, Michaud, 1811, in-8, pap. vél., br. en cart.
814. Le Bouquet du cœur, hommage (à Marie-Louise) en
un acte et en vaudevilles, par M. Alisan de Chazet. *La
Haye, Van Cleef,* 1811, in-4, pap. fort, mar. r. fil.,
tr. dor. — Le Chantier de Saardam, ou l'Impromptu
hollandais, divertissement en un acte, mêlé de couplets,
à l'occasion de l'entrée solennelle de LL. MM. I. et R.
dans leur ville d'Amsterdam, par M. Alisan de Chazet.
Amst., Van Cleef, 1811, gr. in-4, mar. r., dent.,
tr. dor.

Exempl. en gr. pap.

815. L'Entremetteur de mariages, com., par F. J. Depuntis.
Paris, Laurens aîné, 1811, in-8, pap. vél., mar. r.,
dent., doub. de tab., tr. dor. — Clovis, par le même.
Toulouse, Bénichet cadet, 1813, gr. in-8, pap. vél.,
mar. r., fil., tr. dor.
816. Les États de Blois, trag., par M. Raynouard. *Paris,
Mame frères,* 1814, in-8, d.-rel. — Les Machabées,
trag., par M. Alex. Guiraud. *Paris, Tardieu,* 1822, gr.
in-8, cart. à la Bradel.
817. La Panhypocrisiade, ou le Spectacle infernal du xvie.
siècle, com. épique, par M. Népom. Lemercier. *Paris,
F. Didot,* 1819, in-8, d.-rel. — Comédies historiques,
par le même. *Paris, A. Dupont,* 1828, in-8, d.-rel., dos
de v. f. ant., à nerfs.

818. Comédies historiques, nouvelle édition, suivie de la Mort de Henri IV. *Paris, imprimerie de Lachevardière fils,* 1827, in-8, d.-rel., dos de v. v.

819. Annibal, trag., par M. F. Didot. *Paris, F. Didot,* 1820, gr. in-8, pap. vél., cart. — Poésies et traductions en vers, du même. *Paris, de la typogr. de l'Auteur,* 1822, in-12, d.-rel.

820. La Mort de Henri de Guise, trag., par M. Himbert de Flégny. *Paris, impr. de Crapelet,* 1823, gr. in-8, pap. vél., br. en carton. — Charles II, ou le Labyrinthe de Wodstock, comédie en prose, précédée d'une notice sur l'état actuel des théâtres et de l'art dramatique en France, par M. Alex. Duval. *Paris, J. N. Barba,* 1828, in-8, pap. vél., br.

VII. *Poëtes étrangers.*

821. I Fiori delle rime de'poeti illustri, raccolti et ordinati da G. Ruscelli, con alcune annotationi del medesimo. *In Venetia, Sessa Fratelli,* 1558, pet. in-8, rel. en cart.

822. 7 vol. in-8, d.-rel., de la collection de Couret de Villeneuve, savoir : Orlando Furioso di Lud. Ariosto. 3 vol. == Ricciardetto di Nic. Carteromaco. 2 vol. — L'Italia liberata da Goti di G. Trissins. 2 tom. en 1 vol. — La Secchia rapita, di Al. Tassoni, con alcune annotazioni. 1 vol.

823. Opere poetiche di Dante, la Gerusalemme et l'Aminta di Torq. Tasso con note di diversi per diligenza e studio di Ant. Buttura. *Parigi, Lefévre,* 1823, in-8, 4 vol., d.-rel., dos de v. v.

824. Comedie di Dante, le Rime di Petrarca, Gerusalemme liberata, di Torq. Tasso, Scelte di poesie italiane d'autori antichi. *Parigi, Lefévre,* 1820, in-32, 11 vol., pap. vél., portr., v. bl., fil. d'or, dent. à froid.

825. La Comédie de Dante (Du Purgatoire), mise en ryme françoise et commentée par B. Grangier. *Paris, J. Gesselin,* 1597, pet. in-12, parch. — Rolland furieux, traduction nouvelle, par M*** (J. B. de Mirabaud). *La Haye (Paris),* 1741, in-12, 4 vol., v. br.

826. Il Petrarcha con l'espositione d'Alessandro Vellutello

e con piu utili cose in diversi luoghi da lui aggiunte. *In Vinegia, Bern. de Vidali,* 1532, pet. in-8, bas. ant. — Orlando furioso di Lod. Ariosto, con gli argumenti di Lod. Dolce... *Venetia, Misserino,* 1600, in-24, fig., mar. vert, fil, tr. dor.

827. Il Libro del Perchè, la Pastorella del Marino la Novella de l'Angelo Gabriello, e la Puttana errante di P. Aretino. *Pé-King (Parigi),* in-12, pap. vél., d.-rel.

828. Il Pastor fido di Batt. Guarini. *Leida, Giov. Elsevier,* 1659, pet. in-12, fig., mar. r., dent., tr. dor.

829. Il medesimo. *Amst., Elsev.,* 1678, in-24, fig., v. br.

830. Il Goffredo, overo Gerusalemme liberata, poema heroico del Torq. Tasso. Aggiuntovi l'annotationi d'incerto auttore. *In Vinegia, Altobello Salicato,* 1584, pet. in-12, fig. de Séb. Le Clerc, v. j., fil., tr. dor.

831. Jérusalem délivrée, trad. de l'ital., avec la vie du Tasse (par Lebrun). *Paris, Bossange et Masson,* 1803, in-8, fig., 2 vol., v. rac., fil.

832. La Jérusalem délivrée, trad. en vers franç., avec des notes, par M. Baour Lormian. *Paris, Delaunay,* 1819, in-8, gr. pap. vél., 3 vol., cart. à la Bradel.

Avec 3 suites de fig., avant et avec la lettre, et les eaux-fortes.

833. La même. *Paris, Ambr. Tardieu,* 1821, in-8, fig., 2 vol., d.-rel.

834. Jérusalem délivrée, du Tasse, trad. en vers français. *Paris, Egron,* 1810, in-8, d.-rel., dos de v.—Renaud, poëme héroïque imité du Tasse, par Menu de Chomorceau. *Paris, Moutard,* 1784, in-8, bas. rac.

835. Aminta, di Torquato Tasso, ora per la prima volta alla sua vera lezione ridotta. *Crisopoli (Parma, Bodoni),* 1789, gr. in-4, v. porph., dent., tr. dor.

836. Venetia libera, poema heroico di Pancetti da Serravalle. *Venetia, Muschio,* 1622, in-4, bas. — L'Adamo, ovvero il Mondo creato, poema di Temon. Campailla, cogli argomenti di ciascun canto, tradotti in verso latino, dal D. G. Prescimone. *Milano,* 1744, pet. in-8, 2 vol. d.-rel.

837. Opere di G. Parini pubblicate ed illustrate da Fr. Reina. *Milano,* 1801 et 1802, gr. in-8, pap. fort, 3 vol., v. rac., fil.

838. Fables diverses de L. B. Alberti, en ital. et en franç.,

accompagnées de sens moraux et politiques, par L.
Pompe. *Paris, de Sercy*, 1693, in-12, v. br. — Favole
Esopiane, in versi, di L. Grillo. *Parigi, l'Autore*, 1789,
pet. in-12, d.-rel.—Favole e Novelle di Lor. Pignotti.
In Pavia, Baldassare Comino, 1791, pet. in-12, br.

839. Novelle galanti di Casti. *Milano*, 1797, in-12, 2 tom.
en 1 vol., d.-rel. — Novelle di G. Casti. *Parigi, Stamp.
Ital.*, 1804, in-8, 3 vol., d.-rel.

840. Gli Animali parlanti, di G. Casti. *Parigi, Treuttel
et Würtz*, 1802, gr. in-8, pap. vél., 3 vol., v. rac.,
fil., tr. dor.

841. Di Vinc. Monti. In Morte di Ugo Bassville Canti IV,
con note. *Mantova*, 1798. = In Morte di Lor. Masche-
roni, Cantica. *Milano*, anno IX.=Cajo Gracco, tragedia,
in-12, v. rac. — Le Barde de la Forêt-Noire, poëme
imité de l'italien de Monti, par M. Deschamps (avec le
texte et des notes). *Paris, P. Didot*, 1807, gr. in-8,
pap. vél., br. en cart.

842. Il Bardo della Selva-Nera, poema epico-lirico (di
Vinc. Monti), parte prima. *Parma, co' tipi Bodoniani*,
1806, gr. in-fol., v. rac., dent., tr. dor.

843. Le Api panacridi in Alvisopoli, Prosopopea di Vinc.
Monti. *Alvisopoli, Gir. Zambaldi*, 1811, in-4, pap. fort,
mar. r., dent., d. de tabis, tr. dor.

844. Per le nozze di Fr. Soprani di Piacenza colla signora
Teresa Caravel di Nizza. *Stampato da Mauro del Majno*,
1808, pet. in-8, pap. fort, mout. mar. vert, dent., tr. dor.
— Poesie di Pio Prati. *Alessandria, Eredi Vimercati*,
senz' anno, in-8, pap. fort, bas., fil.

845. La Russiade, poema epico in prosa di C. Denina.
Parigi, Fantin, 1810, in-8, pap. vél., v. rac. v., dent.,
. tr. dor.

Avec envoi de la main de l'Auteur.

846. Nei Natali di S. M. il Re di Roma Carmi genetliaci.
Torino, Dom. Pane e comp., 1811, gr. in-fol., v.
porph., dent., tr. dor. —La Naissance du Roi de Rome,
ode ital. de Petroni, avec traduct. en franç., par Tercy.
Paris, P. Didot, 1811, gr. in-4, pap. vél., rel.
en cart.

847. Poesie liriche da Ant. Buttura. (*Parigi*), *Fain*, 1809,

in-16, tirée sur format gr. in-8, pap. vél., mar. r., dent.,
d. de tabis, tr. dor.

848. Enea e Lavinia. (di Buttura) Azione teatrale per
musica, pubblicata in Parigi nel 1810. Gr. in-18, pap.,
vél., mar. r., dent., doublé de tab., tr. dor. — Olgiati,
tragedia di Giov. Bat. Testa da Trino. *Doncaster, C. E.
White,* 1827, in-12, pap. vél., br. en cart.

849. La Napoleonide di Petroni in versi italiani, colla
traduzione francese. (*Parigi, Didot il magg.,* 1811), gr.
in-4, pap. vél., fig., d.-rel. (12 livraisons, les seules
publiées de cette belle édition.) — Analisi della Napoleonide, scritta dal Dot. A. Pitaro. *Parigi, Blankens-
tein,* 1812, in-8, pap. vél., rel. en cart.

850. La Napoleonide di Petroni, colla traduzione francese.
Parigi, P. Didot, 1813, gr. in-4, fig., br.

851. OEuvres dramatiques du comte Alfieri, trad. de l'ital.
par C.-B. Petitot. *Paris, Giguet et Michaud,* 1802,
in-8, 4 vol., d.-rel.

852. Espagne poétique. Choix de poésies castillanes depuis
Charles-Quint jusqu'à nos jours; mis en vers franç. par
D. Juan Maria Maury. *Paris, P. Mongie aîné,* 1826,
in-8, portr., 2 vol., d.-rel., dos de v. rose.

853. Primera parte di las Elegias de Varones illustres de
Indias, Compuestas por J. de Castellanos Clerigo. *Madrid,
Viuda de Al. Gomez,* 1589, in-4, v. br. — La Araucana
de D. Alonso de Ercilla y Cuniga. *Perpignan, Sanson
Arbus,* 1596, pet. in-12, v. br.

— Les derniers feuillets gâtés.

854. Le Théâtre espagnol, trad. en franç. (par Lesage).
Paris, Moreau, 1700, in-12, v. f., fil. = Théâtre espagnol (trad. en franç. par Linguet). *Paris, De Hansy,*
1770, in-12, 4 vol., v. m.

855. La Célestine, ou Histoire tragi-comique de Calistrée
et de Mélibée, composée en espagnol par Fernam Rojas,
et trad. de nouveau en franç. *Rouen, Ch. Osmont,* 1644,
pet. in-8, v. m. — Ameto del Boccaccio. *Firenze, gli
Heredi di Phrl. de Giunta,* 1529, pet. in-8, bas., fil. à
compart.

856. La Lusiade du Camoens, trad. du portugais avec des
remarques, par Duperron de Castéra. *Paris, Nyon,* 1768,
in-12, 3 vol., bas. m. — La même, trad. avec des notes

(par D'Hermilly et Laharpe). *Paris, Nyon aîné*, 1776, in-8, 2 tom. en 1 vol., rel. en cart.

857. La même, traduct. nouvelle, avec des notes, par M. Millié. *Paris, P. Didot*, 1825, in-8, 2 vol., d.-rel., dos de v.

858. Hymne à l'Être-Suprême, à l'occasion de l'heureuse naissance du roi de Rome, composé en portugais par L.-R. Soyé, trad. en franç., texte en regard. *Paris, Moreaux*, 1811. == Napoléon le Grand. Ode pindarique, par le même, trad. par E. T. Simon de Troyes. *Paris, Debray*, 1808, in-8, pap. vél., cart. à la Bradel.

Avec un sonnet de Soyé en portugais, et sa traduction française, autographe adressé à M. Daru, et signé.

859. Paradis perdu, trad. (de l'angl. de Milton, avec des remarques) par Jac. Delille. *Paris, Giguet et Michaud*, 1805, gr. in-8, fig., 2 vol., v. rac.—L'Esprit de Milton, ou Traduction en vers franç. du Paradis perdu, dégagé des longueurs et superfluités qui déparent ce poëme (par Deloyne d'Autroche). *Orléans, Jacob*, 1808, in-8, cart. à la Bradel.

860. Hudibras, trad. (de Sam. Batter) en vers franç. (par Tonnelay, avec le texte et des remarques (par Larcher). *Londres (Paris)*, 1756, in-12, fig., 3 vol., v. m.

861. Essai sur l'homme, par Pope, en cinq langues (angl., lat., ital., franç. et allem.). *Amst., Chatelain*, 1762, pet. in-8, d.-rel. — Le même, suivi d'un Essai sur la poésie, par le duc de Buckingham, et d'un Essai sur les traductions en vers, par Roscommon, trad. en vers franç., avec le texte et des notes, par de Charbonnières. *Paris, Michaud*, 1812, gr. in-18, v. rac.

862. L'Essai sur l'homme de Pope, trad. en vers franç. par Delille, avec le texte angl., suivi de notes, de variantes, et de la Prière universelle, en vers franç., par M. De Lally-Tolendal. *Paris, Michaud*, 1821. == Traduction du même Essai sur l'homme, par De Fontanes. *Paris, Le Normant*, 1821, gr. in-8, d.-rel., dos de v. f. ant.

863. Mount Calvary; or the History of the Passion, death, and Resurrection of our lord and saviour J.-C. written in cornish (as it may be conjectured) some centuries post, interpreted in the english tongue, in the year 1682, by

J. Keigwin, edited by Dav. Gilbert. *London*, *Nichols*, 1826, gr. in-8, pap. vél., br. en cart.

864. The Creation of the world, with Noah'a flood, written in cornish in the year 1611, by Will. Gordon ; with an english translation by John. Keigwin, edited by Davies Gilbert. *London*, *Nichols*, 1827, in-8, pap. vél., br. en cart.

865. Le Théâtre Anglois, ou Choix de plusieurs tragédies angl. (trad. par de la Place). *Londres* (*Paris*), 1746-49, in-12, 8 vol., v. m. — Lettre sur le Théâtre Anglois, avec une traduct. de l'Avare, comédie de Shadwell, et de la Femme de campagne, de Wicherley (par du Bocage). 1752, pet. in-8, 2 vol. v. j. — Le nouveau Théâtre anglois (trad. par Mme. Riccoboni). *Paris*, *Humblot*, 1769, in-12, 2 vol., v. m.

866. Shakespeare, trad. de l'angl. par Le Tourneur. *Paris*, *Mérigot*, 1776-82, in-8, tiré in-4, 20 vol., mar. r., fil., tr. dor.

867. Choix de poésies allemandes (trad. en franç.), par Hubert. *Paris*, *Humblot*, 1766, in-12, 4 vol., d.-rel.— Choix des plus belles fables qui ont paru en Allemagne, imitées en vers franç., par Binninger. *Kehl*, 1782, in-8, rel. à la Bradel. — Le Messie, poëme, trad. de l'allem. de Klopstock (par d'Antelmy). *Paris*, *Vincent*, 1769, in-12, 2 part. en 1 vol., v. m.

868. Musarion (*en allem.*), par Wieland. *Vienne*, 1808, gr. in-fol., pap. vél., mar. r., dent., doubl. et gardes de tabis, tr. dor.

869. Nouveau Théâtre allemand, par Friedel. *Paris*, 1762-85, in-8, 12 vol., v. rac., fil., tr. dor.

870. Le Château de la terreur, grand opéra en trois actes (*en allem.*), par J.-F. Schildbach. In-4, rel. en soie.

Ms. accompagné d'une lettre de l'Auteur, de décembre 1805.

871. Théâtre de Schiller, trad. de l'allem. par Lamartelière. *Paris*, *Renouard*, 1799, in-8, 2 vol. d.-rel. — Théâtre tragique d'Alex. Soumarocow, trad. du russe, par M.-L. Pappadopoulo. *Paris*, *Renouard*, 1801, in-8, 2 vol., d.-rel., dos de v. bl.

872. OEuvres dramatiques de F. Schiller, trad. de l'allem. (par M. de Barente). *Paris*, *Ladvocat*, 1821, in-8, 6 vol., br.

873. Fables russes tirées du recueil de M. Kriloff, et imitées en vers français et italiens par divers auteurs, publiées (avec le texte russe) par le comte Orloff. *Paris,
Bossange*, 1825, in-8, fig. avant la lettre, 2 vol., v.
gris, fil.
874. Chefs-d'œuvre des Théâtres étrangers, allemand, anglois, chinois, etc. ; trad. en franç. par MM. Aignan,
Andrieux, de Barante, et autres. *Paris, Ladvocat*, 1821-
1823, in-8, 25 vol., br. (*Le tome 25 manque.*)

VIII. *Romans, Contes et Nouvelles.*

875. Les Métamorphoses ou l'Ane d'or d'Apulée, trad. en
franç., avec texte et des remarques. *Paris, Bastien*,
1787, in-8, fig., 2 vol., bas. m. allem.
876. Les Cent nouvelles nouvelles, contenant les cent his-
thires nouveaux (par Louis XI et autres). *Cologne, P.
Gaillard*, 1701, pet. in-8, fig., 2 vol., v. f.
877. Les Contes ou les nouvelles récréations et joyeux devis
de Periers, avec des notes, par De la Monnaye. *Amst.,
Chatelain*, 1735, pet. in-12, 3 vol., v. f., fil.
878. L'Histoire comique de Francion (par Nic. Moulinet).
Paris, Boulanger, 1636, pet. in-8, parch.
879. Cassandre (par de La Calprenède), *Paris, de Sommaville*, 1644-53, in-8, 10 vol., v. m.
880. Histoire secrette de Bourgogne, et Histoire de Mar-
guérite de Valois, reine de Navarre, par Mlle de la Force
(publiées par Laborde). *Paris, Didot, l'aîné*, 1782 et
1783, in-12, 9 vol., v. f., fil.
881. Histoire amoureuse des Gaules, par de Bussi Babutin.
1754, pet. in-12, 5 vol., v. m.
882. Les Aventures de Télémaque, par de Fénélon. *Paris,
imph. de M.*, 1785, gr. in-4, pap. vél., mar. vert, dent.,
tr. dor.
Avec la suite des fig. de Tilliard, en noir, quelques dessins sur peau de
vélin, et une autre suite de fig. au bistre.

883. Les Aventures de Télémaque, par Fénélon, avec des
notes. *Paris, Ancelle*, 1798, in-8, tiré de format in-4,
fig., 2 vol., br.

884. Histoire de Gil Blas, par Le Sage, avec des notes historiques et littéraires, par François de Neufchâteau.
Paris, Lefèvre. 1820, in-8, fig. de Desenne, 3 vol., v.
gaufré, fil.

885. Aventuras de Gil Blas de Santillana, robadas á Es-
paña, y adoptadas en Francia por Le Sage, restitudas a
su patria y a su lengua nativa, por un español zeloso.
Valencia, Montfort, 1788 et 89, pet. in-4, 4 vol.,
bas. m.

886. De l'ab. Prevost : Le doyen de Killerine. *Paris, Didot,*
1739, in-12, 6 part. en 3 vol., v. br., fil. — Le Philosophe anglois, ou Histoire de Cléveland, écrite par lui-
même. *Londres, Vaillant,* 1777, in-12, 6 vol., v. m.

887. Du même : Mémoires et Avantures d'un homme de
qualité qui s'est retiré du monde. *Paris, Martin,* 1756,
pet. in-12, 6 vol., v. m.—Histoire du chev. des Grieux
et de Manon Lescaut. *Amst.,* 1756 et 1762, pet. in-12,
4 part. en 3 vol., v. m., fil.

888. OEuvres d'Hamilton. *Utrecht, Néaulme,* 1731, pet.
in-12, 5 vol., mout. mar. v., fil., tr. dor. — Mémoires
du comte de Grammont, par le même. *Londres,* 1776,
in-18, 2 vol., m. v., fil., tr. dor.

889. Bélisaire, par Marmontel. *Paris, Merlin,* 1767, in-8,
fig., v. éc., fil. — Estelle, par de Florian. *Paris, Impr.
de Monsieur,* 1788, in-8, pap. vél., mar. r., fil.,
tr. dor.

890. L'Aventurier françois (par Le Suire). *Paris, Quillau,*
1784, 18 vol. in-12, v. f., fil.

891. Manuscrit trouvé au mont Pausilype, par Montjoye.
Paris, Le Normant, 1802, in-12, fig., 5 tom. en 3 vol.,
d.-rel.

892. Corinne ou l'Italie, par Mad. de Staël-Holstein. *Paris,
Nicole,* 1807, in-12, 3 vol., d.-rel.

893. Lettres de deux jeunes amies (par Mad. Genet Campan). *Paris, impr. de Plassan,* 1811, gr. in-8, v. f.,
dent., tr. dor.—L'Ecolier, ou Raoul et Victor, par Mad.
Guizot. *Paris, Ladvocat,* 1822, in-12, fig., 4 vol., br.
— Les Trois sœurs, ou l'Education des filles, par
Mad. A. Laya. *Paris, R. Leroux,* 1828, in-12, pap.
vél., 2 vol., br.

894. Emma, ou la Ferme des Apennins, par Mad. Ar-
mande Rolland. *Paris, Rénard,* 1812, in-12, 3 vol., d.-

rel. — La Femme auteur, ou les Inconvéniens de la célébrité, par Mad. Dufrenoy. *Paris, Béchet,* 1812, in-12, 2 vol., d.-rel.

895. La Femme, ou les Six amours, par Mme. E. Voiart. *Paris, A. Dupont,* 1828, in-12, fig., 6 vol., br.

896. Les Deux apprentis, par M. Merville. *Paris, Ladvocat,* 1826, in-12, fig., 4 vol., br.

897. Théobald, épisode de la guerre de Russie, par Mme. S. Gay. *Paris, Ponthieu,* 1828, in-12, 4 vol., br. — Bathilde, reine des Francs, roman historique, par Mme. Simons-Candeille. *Paris, Le Normant,* 1814, in-8, fig., 2 vol., br. — Cinq-Mars, ou Une conjuration sous Louis XIII, par le comte A. de Vigny. *Paris, Le Normant,* 1826, in-12, 4 vol., br.

898. Robert et Léontine, histoire du xvie. siècle, par M. Ladoucette. *Paris, Lugan,* 1827, in-12, fig., 3 vol., br. — Philoclès, imitation de Wieland (par Ladoucette). *Paris, Cretté,* 1806, in-8, fig., 2 vol., br.

899. De Mad. Malarme, née Bourmont : Alicia, ou le Cultivateur de Schaffhouse. *Paris, Cretté,* an xiii, in-12, 2 tom. en 1 vol., d.-rel. — Les Orphelins de Holy Island, ou Westwardcottage. *Paris,* 1809, in-12, 3 vol., d.-rel. — Héléna Aldenar, ou le Bigame. *Paris, Chaumerot,* 1810, in-12, 4 vol., d.-rel. — Les Trois familles. *Paris, Chaumerot,* 1810, in-12, 4 vol., d.-rel. — Charles et Arthur. *Paris,* 1817, in-12, 3 vol., br. — Olimpia et Ethelwolf. *Paris, Cretté,* 1818, in-12, 3 vol., br.

900. De L.-B. Picart : les Avantures d'Eugène de Senneville et de Guil. Delorme, écrites par Eugène en 1787, *Paris, Mame frères,* 1813, in-12, 3 vol., d.-rel., dos de v. f. ant. — L'Exalté, ou Histoire de Gabr. Désodry. *Paris, Baudouin,* 1824, in-12, 4 vol., br. — Le Gil Blas de la révolution, ou les Confessions de Laur. Giffard. *Paris, Baudouin,* 1824, in-12, fig., 5 vol., br. — L'Honnête homme, ou le Niais, histoire de G. Darcy et de sa famille. *Paris, Baudouin,* 1825, in-12, 3 vol., br.

901. Mémoires de Jac. Fauvel, publiés par M. J. Droz et L.-B. Picard. *Paris, Renouard,* 1823, in-12, 4 vol., br. — Les Gens comme il faut et les Petites gens, ou Avantures d'Auguste Minard, par Picart. *Paris, Baudouin,* 1826, in-12, pap. vél., 2 vol., br.

902. Voyage d'Anténor en Grèce et en Asie, trad. du grec (composé) par E.-F. Lantier. *Paris, Buisson,* 1801, in-8, fig., 3 vol., bas. j.

903. Don Alonzo, ou l'Espagne, histoire contemporaine, par M. de Salvandy. *Paris, Baudouin frères,* 1824, in-8, 4 vol., d.-rel., dos de v. bl.

904. Tristan le Voyageur, ou la France au xive. siècle, par Marchangy. *Paris,* 1825 et 1826, in-8, 6 vol., br.

905. Le Cabinet des fées, ou Collection choisie des contes des fées. *Genève, Barde,* 1785 et 1786, in-12, fig., 37 vol., v. m.

905 *bis.* Les Mille et Une nuits, trad. en franç. par Galland. *Paris,* 1786, in-12, 6 vol., v. m.

906. Les Mille et Une soirées (par Gueulette). *La Haye (Paris),* 1749, in-12, 3 vol., v. m. — Les Mille et Une heures (par le même). *Paris, Nyon,* 1759, in-12, 2 vol., v. f., fil. — Deux vol. pet. in-12, v. m., contenant : Le Sultan Misapouf, et la Princesse Grisemine. — Histoire de la Félicité. — Zulmis et Zelmaïde, conte. — Tant mieux pour Elle, etc.

907. Il Decameron di Giov. Boccacci. *Amst. (Elzev.),* 1665, in-12, v. br.

908. Histoire de D. Quichotte, trad. de l'espag. de Mich. de Cervantes (par Filleau de Saint-Martin). *Paris,* 1768, in-12, 6 vol., v. br.

909. La Vie et les Aventures de Robinson Crusoé, par Dan. Defoé, traduction revue et augmentée de la Vie de l'Auteur (par Griffet-Labaume). *Paris, Panckoucke,* an viii, gr. in-8, fig., 3 vol., v. rac.

910. Voyages de Gulliver (trad. de l'angl. de Swift, par Desfontaines). *Paris, P. Didot,* 1797, in-18, gr. pap. vél., fig. avant la lettre, 2 tom. en 4 vol., br. en cart.

911. Voyage sentimental de Sterne, suivi des Lettres d'Yorick à Elisa, trad. de l'angl. avec des notes, par P. Crassous. *Paris, P. Didot,* 1801, in-18, 3 tom. en 2 vol., v. rac.

912. De Richardson, Lettres angloises, ou Histoire de Clarisse Harlove, trad. par l'abbé Prévost. *Paris,* 1766, in-12, fig., 13 tom. en 6 vol., v. m. — Nouvelles Lettres angloises, ou Histoire de Grandisson (trad. par Prevost). *Amst.,* 1770, in-12, 8 tom. en 4 vol., v. m.

913. Mémoires pour servir à l'Histoire de la Vertu (trad.

de l'angl. par l'ab. Prevost). *Cologne*, 1762-67, in-12,
6 vol., v. m.

914. Tom Jones, ou l'Enfant trouvé, trad. de l'angl. (de
Fielding), par Davaux. *Paris, Maison*, an IV, in-8,
4 vol., d.-rel.

915. Camilla, ou la Peinture de la jeunesse, trad. de
l'angl. de Miss Burney. *Paris, Maradan*, 1798, in-12,
5 vol., d.-rel.

916. La Femme, ou Ida l'Athénienne, trad. de l'angl. de
Miss Owenson. *Paris, Nicolle*, 1812, in-12, 4 vol.,
d.-rel. — La Forêt de Montalbano, ou le Fils généreux,
trad. de l'angl., par Mad. P***. *Paris, Dentu*, 1813,
in-12, 5 vol., br.

917. Les Aventures de Friso, trad. du holl. de G. de
Haren (par Jansen), *Paris, de Lormel*, 1785, in-8,
2 vol., d.-rel., dos de mar. vert. — Sylvius et Valéria,
ou le Pouvoir de l'amour, trad. de l'all. d'Aug. La-
fontaine (par Petiet). *Paris, Plancher*, 1810, in-12,
2 tom. en 1 vol., v. rac., dent., tr. dor.

IX. Facéties, Satires, Philologie.

918. Les OEuvres de Franç. Rabelais. 1596. — Le 5e. et dernier livre des faits et dits de Pantagruel... *Lyon, Estiart*,
1596, in-16, parch.

919. Les OEuvres de François Rabelais. (*Holl., Elzev.*),
1666, pet. in-12, 2 vol., v. br., tr. dor.

920. Parte primera de las Obras en prosa de D. Fr. de
Quevedo Villegas. *En Madrid*, 1687, pet. in-4, parch.
— Les Visions de Quevedo Villegas, augmentées de
l'Enfer réformé, trad. d'espag. par de la Geneste. *Paris,
Billaine*, 1636, in-8, bas., br.

921. OEuvres badines, complettes, de Caylus. *Paris, Visse*,
1787, in-8, fig., 12 vol., bas. m.

922. Mes Récréations, ou Recueil de contes plaisans,
suivi du Passe-Temps agréable. *Paris, Samson*, 1789,
in-12, 6 vol., bas. m.

923. Satyre de Pétrone, nouvelle traduction (avec le texte
et des notes) par D***** (Durand). *Paris, Gérard*, 1803,
in-8, 2 vol., rel. en cart.

924. Le Chef-d'œuvre d'un inconnu, avec des remarques

savantes, par le doct. C. Matanasius (Saint-Hyacinthe et autres). *Lausanne*, 1758, pet. in-8, 2 vol., v. m. — Cymbalum Mundi, ou Dialogues satyriques sur différens sujets, par Bonav. Des Periers. *Amst., P. Marchand*, 1732, pet. in-12, v. br.

925. Raison, Folie, petit cours de morale mis à la portée des vieux enfans, suivi des Observateurs de la femme (par Lemontey). *Paris, Déterville*, 1816, in-8, 2 vol., d.-rel.

926. De la Charlatanerie des savans, par Menken ; avec des remarques critiques, trad. (du lat. en fr.). *La Haye*, 1721, in-12, v. br.

927. Les Couches de l'Académie (par Furetière). *Genève*, 1687, pet. in-8, v. m.—L'Enterrement du Dictionnaire de l'Académie, 1697. In-12, v. f. *Mouillé.*—L'Apothéose du Dictionnaire de l'Académie, et son expulsion de la région céleste. *La Haye (Rouen)*, 1696, pet. in-12, v. f. — Nouveau recueil des Factums du procez de Furetière. *Amst., H. Desbordes*, 1694, in-12, 2 vol., v. f.

928. Banquet des savans, trad. du grec d'Athénée, par Le Febvre de Villebrune. *Paris, Lamy*, 1789-91, in-4, 5 vol., mar. citr., fil.

929. Auli Gellii Noctes atticæ. *Amst., Lud. Elzev.*, 1651, pet. in-12, v. br.

930. Les Nuits attiques d'Aulu Gelle, trad. avec un commentaire par de V.... (Verteuil). *Paris, Dorez*, 1776 et 77, in-12, 3 vol., bas. rac.

931. De la Littérature considérée dans ses rapports avec les institutions sociales, par Mme. de Staël-Holstein. *Paris, Maradan*, an IX, in-8, 2 tom. en 1 vol., d.-rel. — De l'Influence des femmes sur la littérature française, ou Précis de l'histoire des femmes françaises les plus célèbres, par Mad. de Genlis. *Paris, Maradan*, 1811, in-8, d.-rel., dos de v. f. ant.

932. Réflexions critiques sur la poësie et sur la peinture, par l'ab. Dubos. *Dresde*, 1760, in-12, 3 vol., bas. m. —Poétique des arts, ou Cours de peinture et de littérature comparées, par Sobry. *Paris, Delaunay*, 1810, in-8, v. porph., fil.

933. Antiquités poétiques, ou Dissertations sur les poètes

13

cycliques et sur la poésie rhythmique, par Bouchaud. *Paris, Ch. Pougens*, an VII, in-8, d.-rel.

934. Développemens historiques de l'intelligence et du goût par rapport à l'éloquence, par Édouard Landié. *Paris, F. Didot*, 1813, in-8, gr. pap. vél., v. f. dent., tr. dor.

935. Cours analytique de littérature générale, par M. Lemercier. *Paris, Nepveu*, 1817, in-8, 4 vol., d.-rel.

936. Les Soirées littéraires, ou Mélanges de traductions nouvelles des plus beaux morceaux de l'antiquité (par J.-L. Coupé). *Paris*, 1795-l'an VIII (1800), in-8, 20 tom. en 10 vol., bas. éc. — Spicilège de littérature ancienne et moderne, ou Recueil d'ouvrages grecs et latins, ignorés ou peu connus, par J.-L. Coupé (Panégyriques). *Paris, impr. des Sciences et Arts*, 1801, in-8, 2 part. en 1 vol., bas. gr.

937. Bibliothèque étrangère d'histoire et de littérature ancienne et moderne, ou Choix d'ouvrages remarquables traduits ou extraits de diverses langues, avec des notes et des remarques, par M. Aignan. *Paris, Ladvocat*, 1823, in-8, 3 vol., d.-rel., dos de v. viol.

938. Annales romantiques, Recueil de morceaux choisis de littérature contemporaine (rédigé par M. Ch. Malo). *Paris, L. Janet*, 1829, in-12, pap. vél., br.

939. Amusemens littéraires, ou Correspondance politique, historique, critique et galante, par de la Barre de Beaumarchais. *La Haye*, 1740, pet. in-8, 4 part. en 3 vol., v. j.

940. Mémoires secrets de la république des lettres, ou le Théâtre de la vérité (par le marquis d'Argens). *Amst.*, 1744, pet. in-12, 7 vol., v. m.

941. Les Cinq années littéraires, ou Lettres de M. Clément sur les ouvrages de littérature qui ont paru de 1748 à 1752. *Berlin*, 1755, in-12, 2 tom. en 1 vol., v. f. j., fil. — IX Lettres à Voltaire, par Clément. *La Haye et Paris*, 1775-1783, in-8, 3 vol., bas. m.

942. Dissertation critique sur l'Iliade d'Homère, par Terrasson. *Paris, Fournier*, 1715, in-12, 2 vol., v. br. — Remarques sur les tragédies de Jean Racine, suivies d'un Traité sur la poésie dramatique ancienne et moderne, par L. Racine. *Paris, Desaint*, 1752, in-12, 3 vol., v. m.

943. L'Esprit du grand Corneille, ou Extrait raisonné
pour servir de supplément au recueil de ses chefs-
d'œuvre dramatiques, par François de Neufchâteau.
Paris, P. Didot, 1819, in-8, br.—Essai sur les meilleurs
ouvrages écrits en prose dans la langue française, et
particulièrement sur les Provinciales de Pascal, par le
même. (*Paris*), 1826, in-8, br.

944. Observations critiques sur le roman de Gil Blas de
Santillane, par Llorente. *Paris, Moreau,* 1822, in-8,
d.-rel. — Observations critiques sur l'ouvrage intitulé :
Le Génie du christianisme, par. M. de Châteaubriand,
par de Chénier. *Paris, Maradan,* 1817, in-8, v. m.
allem., dent.

945. Remarques sur quelques ouvrages modernes, précédées de l'analyse de Delphine de Mme. de Staël. *Milan,*
Giegler, 1805, gr. in-8, pap. fort, mar. v., fil., tr. dor.

946. Commentaire sur les meilleurs ouvrages de la langue
française (Petit-Carême de Massillon), par Croft. *Paris,*
P. Didot, 1815, gr. in-8, pap. vél., br. en cart.

947. Remarques philologiques sur les Voyages en Chine
de Med. Guignes, par Sinologus Berolinensis (Montuci).
Berlin, Hitzig, 1809, in-8, mar. r., fil., tr. dor.

948. Correspondance littéraire, depuis 1774 jusqu'à 1789,
par La Harpe. *Paris, Migneret,* 1801, in-8, d.-rel.
Tomes 1 à 4. — Supplément à la Correspondance littéraire de Grimm et Diderot. *Paris, Potey,* 1814, in-8, br.

949. Mélanges de littérature étrangère (par Millin de
Grandmaison). *Paris, Gogué,* 1785 et 1786, in-12,
6 tom. en 3 vol., d.-rel. —Mélanges de littérature,
d'histoire, de morale et de philosophie, par Franç.-L.
comte d'Escherny. *Paris, Bossange et Masson,* 1811,
in-12, 3 vol., d.-rel.

950. Mélanges de littérature et de philosophie du xviiie.
siècle; par l'ab. Morellet. *Paris, V^e. Lepetit,* 1818,
in-8, 4 vol., d.-rel., dos de v. viol. — Mémoires de
l'ab. Morellet, sur le xviiie. siècle, précédés de son éloge
par Lémontey. *Paris, Ladvocat,* 1821, in-8, 2 vol.,
d.-rel., dos de v. violet.

951. Mélanges philosophiques et littéraires, par Auger.
Paris, Ladvocat, 1828, in-8, 2 vol., d.-rel., dos de v.
vert, fil.

Avec envoi signé de l'Auteur.

952. Mélanges de littérature orientale, trad. de différens
mss. de la Bibliothèque du Roi, par Cardonne. *Paris,
Hérissant,* 1770, in-12, 2 vol., d.-rel. — Apologues et
Contes orientaux (par F. Blanchet). *Paris, Debure,*
1784, in-8, portr., v. m.

953. Les Diverses leçons de P. Messie, mises de castillan
en franç., par Cl. Gruget. Plus, la suite de celles
d'Ant. du Verdier. *Tournon, Cl. Michel,* 1616, in-8,
parch.

954. Recueil A-Z (par Mercier de St.-Léger et autres).
Fontenoy, 1745-62, in-12, 24 tom. en 12 vol., v. m.

955. Des. Erasmi Colloquia, cum notis select. variorum,
accurante Corn. Schrevelio. *Lugd.-Batav. , ex offic.
Hackianâ,* 1664, in-8, v. br.

956. Pensées de Nicole, précédées d'une introduction, par
M. Mersan. *Paris, P. Didot,* 1806, in-12, pap. vél.,
br. en cart. — Pensées de Balzac, par le même. *Paris,
Potey,* 1808, in-12, v. rac., fil., tr. dor.

X. *Polygraphie, Lettres.*

957. OEuvres de Xénophon (l'Économique , le Traité
d'équitation, l'Apologie de Socrate, et le Maître de cavalerie), trad. en franç., avec le texte, par Gail. *Paris,*
an iii, in-8, d.-rel.

958. Les Vies des hommes illustres de Plutarque , et les
OEuvres morales et meslées du même, translatées de
grec en franç., par Jac. Amyot. *Paris, Vascosan,* 1567-
74, pet. in-8, 13 vol., réglés, mar. r., fil., tr. dor. *Ancienne reliûre, uniforme.*

959. OEuvres de Lucien , trad. du grec, avec des remarques et des notes (par Belin de Ballu). *Paris, Bastien,* 1789, in-8, pap. fin, tiré de format in-4, 6 vol.,
v. j., fil.

960. M. T. Ciceronis Opera omnia. *Lugd.-Batav., ex offic.
elsev.,* 1642, pet. in-12, 10 vol., v. f., fil., tr. dor.

Le 9e. vol. de 301 pages.

961. Ciceronis Liber de claris oratoribus , qui dicitur

Brutus, ad Brutum Orator, ad Trebatium Topica, Oratoriæ
partitiones, Liber de optimo genere oratorum, cum interpretatione ac notis, quas in usum Delphini edidit Jac.
Proust. *Oxonii, è typogr. Clarendon.*, 1716, in-8, v.
br. *Rare.*

962. Ciceronis Academica. Recensuit, variorum notis suas
immiscuit, et Hadr. Turnebi, Petrique Fabri commen-
tarios adjunxit Jo. Davisius. *Cantabr.*, *Crownfield*,
1736, gr. in-8, v. br.

963. Ciceronis Orationes IV. Post reditum in Senatu; ad
Quirites post reditum; pro domo sua ad Pontifices, de
haruspicum responsis. Recognovit animadversiones in-
tegras J. Marklandi et J. M. Gesneri suasque adjecit
Frid. Aug. Wolfius. *Berolini, F. T. Lagardius*, 1801,
gr. in-8, pap. vél., d.-rel., dos de v. f.

964. Les traductions suivantes de Cicéron :

Rhétorique et Oraisons, par les frères Gueroult et par Clément, 1783,
8 vol.; la Rhétorique (par Cassagne), 1691, 1 vol.; l'Orateur (par
Colin), 1727, 1 vol.; les Catilinaires et le Dialogue sur les orateurs
illustres, par M. Burnouf, 1826, in-8, 1 vol.; les Offices, par Dubois;
1748, 1 vol.; le Songe de Scipion, la Lettre à Quintus et les Paradoxes,
par Geoffroy, 1725, 1 vol.; Académiques, par Durand, 1796, 1 vol.;
les Tusculanes, avec des remarques, par Bouhier et D'Olivet, 1739,
3 vol.; de la Nature des Dieux, par Masson, 3 vol.; de la Divination,
par Regnier Desmarais, 1714, 1 vol.; Lettres familières, par Prevost,
1745, 5 vol.; Lettres à Atticus, par Mongault, 1741, 6 vol.; en tout
1 vol. in-8 et 31 vol. in-12, rel. et en d.-rel. — Pensées de Cicéron,
trad. par D'Olivet, 1764, in-12, v. m. — Histoire de Cicéron, trad. de
l'angl. de Midleton par Prevost, 1743, in-12, 4 vol., bas. m.

965. C. Plinii Cæc. Secundi Epistolarum Libri X et Panegyricus. Accedunt variantes lectiones. *Lugd.–Bat.*, *ex
officinâ Elzeviriorum*, 1640, pet. in-12, v. f., fil.
Mouillé.

966. C. Plinii Cæcilii Secundi Opera quæ supersunt
omnia, ad fidem optimarum editionum diligenter ex-
pressa. *Glasguæ, Rob. et Andr. Foulis*, 1751, pet. in-4,
v. f., fil., tr. dor.

967. Apuleius, serio castigatus. *Amsterod., Guil. Cæsius*,
1624, in-24, réglé, mar. citr., fil., tr. dor. — P. Bembi,
quæcumque usquàm prodierunt Opera. *Basileæ*, 1556,
pet. in-8, parch.

968. Fr. Baconi de Verulamio, Opera moralia et civilia,
curante Guil. Rawley. *Lond.*, *Griffinus*, 1638, pet.
in-fol., 2 tom. en 1 vol., v. br.

969. OEuvres de Bacon, trad. du lat. avec des notes critiques, hist. et littéraires, par Ant. Lasalle. *Dijon, Frantin,* an VIII, in-8, 15 vol., bas. f.

970. De Balzac : OEuvres diverses. *Leide, les Elzeviers,* 1651, 1 vol. — Lettres familières à Chapelain. *Amst., L. et Dan. Elzev.,* 1661, 1 vol. — Lettres à Conrart. *Amst., les Elzeviers,* 1664, 1 vol. — Aristippe, ou de la Cour. *Amst., Dan. Elzev.,* 1694, 1 vol., les 4 vol. pet. in-12, v. br. (*Le titre des OEuvres diverses manque.*)

971. OEuvres diverses de La Fontaine. *Paris, Nyon,* 1744, pet. in-12, 4 vol., v. m.

972. OEuvres de Boileau Despréaux, avec des éclaircissemens historiques. *Amst., Fr. Changuion,* 1729, in-12, fig., 4 vol., v. br.

973. OEuvres de Scarron. *Paris, Bastien,* 1786, in-8, 7 vol., v. m. allem., fil.

974. Opuscules de Fabio Brulart de Sillery, évêque de Soissons et membre de l'Académie françoise, mort en 1714. In-fol., rel. en parch.

Ces opuscules, au nombre de 29, sont la plupart ou de la main de l'Auteur, ou corrigés par lui. Deux ou trois ont été imprimés, tels qu'une ode sur la Paix, une ode à Segrais; le surplus est inédit.

975. OEuvres de Saint-Evremond, précédées de sa vie, par Des Maizeaux. 1753, pet. in-12, 12 vol., v. m.

976. Les OEuvres de Saint-Réal. *Paris,* 1757, pet. in-12, 8 vol., v. m.

977. Les OEuvres de Cyrano Bergerac. *Amst., Desbordes,* 1709, in-12, fig., 2 vol., v. f.

978. OEuvres diverses de P. Bayle. *La Haye, Husson,* 1727, in-fol., 4 vol., bas. m.

979. OEuvres de Houdar de La Motte. *Paris, Prault,* 1754, in-12, 10 tom. en 11 vol., v. m.

980. OEuvres de Fontenelle. *Paris,* 1766, in-12, 11 vol., bas. rac., fil.

981. OEuvres de (J.-B.) Rousseau. *Londres (Paris),* 1753, pet. in-12, 5 vol., v. m.

982. OEuvres de Montesquieu. *Amst.,* 1758, in-4, 3 vol., v. m.

983. La Religion, poëme, et OEuvres diverses de Racine. *Paris, Desaint,* 1747, pet. in-12, 4 vol., v. gr.

984. OEuvres complettes d'Alex. Piron, publiées par Rigoley de Juvigny. *Paris, Lambert,* 1776, in-8 , 7 vol. ,
bas. éc., fil.

985. OEuvres complètes de Voltaire (*Kehl*) , *Société typogr.*, 1785-89, in-12, 92 vol., v. rac., fil.

986. OEuvres de Voltaire, avec préfaces , avertissemens ,
notes, etc., par M. Beuchot. *Paris, Lefévre,* 1829, in-8,
pap. vél., 16 vol., br., faisant les livraisons 1 à 6.

987. OEuvres du P. André. *Paris, Ganeau,* 1763-67, in-12;
6 vol., v. m.

988. OEuvres complettes de Saint-Foix. *Paris, V*ᶜ*. Duchesne,* 1778, in-8, 6 vol., v. m., fil.

989. OEuvres de Mad. de Staal. *Londres,* 1755, in-12,
4 vol., v. éc., fil.

990. OEuvres complètes de J.-J. Rousseau. *Genève,* 1780,
gr. in-4, fig., v. éc., fil. (Tomes 1 à 12.)

991. OEuvres de Fréret. *Paris , Servière,* 1792, in-8 ,
4 vol., bas. rac.

992. OEuvres complettes de Mad. Riccoboni. *Paris, Vol-
land,* 1786, in-8, fig. 8 vol., v. m.

993. OEuvres philosophiques, historiques et littéraires de
d'Alembert. *Paris, Bastien,* 1805, in-8 , 18 vol. , v.
rac., fil.

994. OEuvres complètes de Chamfort , précédées d'une
Notice sur sa vie. *Paris , Colnet,* 1808 , in-8 , 2 vol. ,
v. rac.

995. OEuvres de Florian. *Paris, Guilleminet,* an ix, in-18,
fig., 21 vol., v. rac., fil., tr. dor.

996. OEuvres complètes de Volney. *Paris , Bossange
frères,* 1821, in-8, fig., pap. vél., 8 vol., d.-rel. dos de
v. vert.

997. Les Études littéraires et poétiques d'un vieillard, par
Boissy-d'Anglas. *Paris, E. Kleffer,* 1825, in-12, 6 vol.,
d.-rel., dos de v. puce.

998. Lettres et Pensées du prince de Ligne, publiées par Mad.
de Staël-Holstein. *Paris, Paschoud,* 1809, in-8 , d.-rel.

999. Lettre (posthume et inédite) de Cabanis , sur les
causes premières, avec des notes , par M. F. Bérard.
Paris, Gabon, 1824, in-8, br.

1000. Fragmens politiques et littéraires , par Lacretelle
aîné. *Paris, Foulon,* 1817, in-8, 2 vol., br.—Du même :
Eloquence judiciaire et Philosophie législative. 1823,

3 vol.; Portraits et Tableaux, 2 vol.; Roman théâtral. 1824, 1 vol. Les 6 vol., in-8, dos de v. f. ant., fil.

1001. Opinions, Rapports et Choix d'écrits politiques, de Ch.-Fr. Lebrun, duc de Plaisance, recueillis par son fils aîné. *Paris, Bossange père,* 1829, in-8, d.-rel., dos de v. f. ant., fil.

1002. OEuvres de B. F. Fonvielle. *Paris*, 1796-1804, in-8, 5 vol., v. rac.. fil.

1003. OEuvres de Jos. Droz. *Paris, Renouard,* 1826, in-8, 2 vol., br.

1004. OEuvres complètes d'Arnault. *La Haye, Vallez,* 1817-1819, in-8, pap. vél., 4 vol., cart. à la Bradel.

1005. OEuvres d'Arnault. *Paris, Bossange père,* 1824-1827, in-8, 8 vol., d.-rel., dos de v. viol., fil...

1006. De M. de Chateaubriand : Génie du christianisme. *Lyon, Ballanche,* 1809, 5 vol. — Les Martyrs. *Paris,* 1809, 2 vol. — Itinéraire de Paris à Jérusalem. *Paris, Le Normant,* 1811, 3 vol. Les 10 vol. in-8, fig., d.-rel., dos de v. ant., fil.

1007. Ode, en idiome languedocien, par Touchy, et Opuscules d'histoire naturelle et de littérature, par le même. *Montpellier, Renaud,* 1808, in-8, pap. vél., br.— De Ch. de Belleval : Notice sur Montpellier ; Observa-vations grammaticales ; Gaucelin de Montferrier, et la Châtelaine de Noves; le Trouvère et le Troubadour, anecdotes. *Montpel., Rénaud,* 1818, in-8, pap. vél., d.-rel.

1008. OEuvres de M. Maillet-Lacoste. *Paris, Belin,* 1822, in-8, br. — OEuvres poétiques et morales, par L. A. C. Rallier. *Paris, Migneret,* 1822, in-8, 2 vol., rel. à la Bradel.

1009. Discours, Opinions et Rapports sur divers sujets de législation, d'instruction publique et de littérature, par M. Silvestre de Sacy. *Paris, De Bure frères,* 1823, in-8, pap. vél., rel. à la Bradel.

1010. De M. Villemain : Traduction de la République de Ci-céron, avec le texte, et des Dissertations historiques. *Paris, Michaud,* 1823, 2 vol. — Discours et Mélanges littéraires. *Ibid.,* 1823, 1 vol. — Nouveaux Mélanges historiques et littéraires. *Paris, Ladvocat,* 1827, 1 vol. Les 4 vol. in-8, d.-rel., dos de v. f. ant.

Avec envoi signé de l'Auteur.

1011. OEuvres de Machiavel, trad. par Guiraudet. *Paris,
    Richard, 1803,* in-8, 9 vol., v. rac., fil. —

1012. Les mêmes, trad. par J. V. Périès. *Paris, Michaud,*
    1823-26, in-8, 12 vol., d.-rel., dos de v. f.

1013. OEuvres diverses de Pope, trad. de l'angl. *Amst.,*
    1763, in-12, 7 vol., bas. éc.

1014. OEuvres de Gessner (trad. de l'allem. par Huber).
    Paris, Dufart, 1797, in-8, fig., 2 vol., v. gr., fil.,
    tr. dor.

1015. Lettres grecques, par le rhéteur Alciphron, trad.
    en franç. (par l'ab. Richard), avec des notes. *Paris,*
    Nyon, 1784, in-12, 3 vol., v. m.

1016. Lettres d'Abailard et d'Héloïse, traduct. avec le texte,
    par Bastien. *Paris, l'Éditeur,* 1782, in-12, 2 vol.,
    d.-rel.

1017. Lettres de Mad. de Sévigné. *Paris,* 1775, pet. in-12,
    10 vol., v. m.

1018. Lettres de Rabutin, comte de Bussy. *Paris,* 1697,
    in-12, 4 vol., v. br. — Lettres de Ninon de Lenclos au
    marq. de Sévigné, avec sa vie. *Londres (Cazin),* 1782,
    in-18, 2 vol., v. gr., fil., tr. dor.

1019. Lettres intéressantes du pape Clément XIV (Gan-
    ganelli), 1776 et 1777, 3 tom. en 4 vol. — Recueil de
    Lettres relatives à Clément XIV, 1 vol. — Vie du même,
    1 vol. — Nuits clémentines, en ital. et en franç., 1 vol.,
    les 7 vol., in-12, v. m.

1020. Correspondance inédite de Mad. du Deffand, avec
    d'Alembert, Montesquieu, le prés. Hénault, etc., suivie
    des Lettres de Voltaire à Mad. du Deffand. *Paris, L.*
    Collin, 1809, in-8, 2 vol., d.-rel.

1021. Correspondance de Bernardin de Saint-Pierre. *Paris,*
    Ladvocat, 1826, in-8, 3 vol. — Mémoires sur la vie et
    les ouvrages du même, par M. L. Aimé-Martin. *Ibid.,*
    1826, 1 vol. ; les 4 vol. in-8, d.-rel., dos de v.

HISTOIRE.

I. *Introduction à l'étude de l'Histoire, Géographie,*
Voyages.

1022. Lettres à Sophie sur l'histoire, par Fabre d'Olivet.

Paris, Lavillette, 1801, in-8, pap. vél., 2 vol., d. rel.
— Leçons d'histoire prononcées à l'École normale en
l'an III, avec des notes, par C.-F. Volney. *Paris, Courcier,* 1810, in-8, bas. rac., fil.

Avec la signature de Volney.

1023. Géographie de Strabon, trad. du grec en franc. (par
de la Porte du Theil, M. Coray et autres). *Paris,
I. I. et I. R.,* 1805-1819, gr. in-4, 5 vol., br. en
cart.

1024. L'Ancienne géographie universelle comparée à la
moderne, par le P. Romain Joly. *Paris, Lottin,* 1801,
in-8, 2 vol., d.-rel., et atlas in-4, br.

1025. Géographie universelle, trad. de l'allemand de
Büsching. *Strasbourg, Treuttel,* 1785-l'an v (1797),
in-12, 14 vol., d.-rel.

1026. Guide des voyageurs en Europe, par Reichard.
Weimar, 1805, in-8, cartes, 2 vol., rel. en cart.

1027. Carte de la France, publiée par J.-D. Cassini de
Thury, Camus et Montigny, 182 f. collées sur soie et
renfermées dans 25 boîtes en forme de gr. in-8, avec
dos de mar. vert; et Carte de la Belgique de Ferraris,
en 25 f. aussi collées sur soie, et contenues en 3 boîtes
de même format et couverture, et tomées 26, 27 et 28.

1028. Carte topographique des environs de Versailles,
dite des Chasses, levée et dressée de 1764 à 1773, terminée en 1817, sous la direction du général de division
Sanson. In-fol. max. obl., v. rac., large dent., doubl. et
gardes de tabis, tr. dor.

1029. Carte du canal de Languedoc, depuis Toulouse
jusqu'à Renneville, levée et gravée pour les États-
généraux de Languedoc, en 1774. Gr. in-fol., d.-rel.,
dos de v. gris.

1030. Carte générale de la province de Languedoc, levée
sous la direction de Cassini, de Montigny et Perronet,
et réduite par Capitaine, 1781. Gr. in-fol., d.-rel., dos
de v. gris.

1031. Cartes des canaux d'Orléans, de Briare et de Loing,
gravées par Lattré. In-fol. atl., rel. en cart.

1032. Carta amministrativa del regno d'Italia co' suoi
stabilimenti politici militari, civili e religiosi, e con
una parte degli stati limitrofi; costrutta nel deposito

della guerra nel anno 1811, aggiunta e corretta nel
anno 1813. Incisa sotto la vigilenza di G. Bordiga. 12 f.
collées sur soie verte, dans un étui, mouton mar. vert.

1033. Atlante del regno di Napoli, ridotto in sei foglj, da
Gio.-Antonio Rizzi-Zannoni. *Collé sur soie.*

1034. Carte générale de l'Espagne et du Portugal, divisée
en ses provinces actuelles, par D. T. Lopez, nouvelle-
ment dressée par F. L. Gussefeld. *A Nuremberg, chez
Homann,* 1805. 26 f., dont 25 collées sur toile, renfermées dans une boîte.

1035. La Suisse de Scheuchzer, de 1712. En 4 feuilles
collées sur toile, et dans un étui.

1036. Carte des postes d'Allemagne et des pays environ-
nans, par Ignace Heymann. *Vienne,* 1812, 4 f. collées
sur toile, dans un étui.

1037. Carte du cercle de Westphalie, par de Beaurain,
1759. Collée sur toile, dans un étui. —Carte du land-
graviat de Hesse-Cassel, par le même, 1760. 2 f. collées
sur toile, dans un étui. —La Vétéravie, par le même.
Collée sur toile, dans un étui.

1038. Carte de l'électorat de Saxe, 1759 à 1763. 15 f.
collées sur toile, dans un étui.

1039. Carte chorographique de la Franconie, en 1759.
8 f. collées sur toile, dans un étui.

1040. Carte générale du pays de Fulde, divisée en XXI
bailliages, dressée par L.-A. Gentil, en 1808. In-fol.
obl., mar. v., fil.

1041. Carte des États prussiens (nord et sud), par
Sotzman. *Berlin,* 1802, 4 f. collées sur toile dans une
boîte.

1042. Carte de la Prusse méridionale, par Gilly. *Berlin,*
1802 et 1803, 13 f. collées sur toile, dans un étui.

1043. Carte topographique militaire de la Prusse orientale,
avec la partie septentrionale du duché de Varsovie,
publiée par Sotzmann, 1807. 13 f. collées sur toile, dans
un étui.

1043 *bis.* Carte de la Prusse orientale avec la Lithuanie
prussienne et la Prusse occidentale. *Berlin,* 1796-1802,
25 f. collées sur toile, dans 2 étuis.

1044. Carte du royaume de Prusse et de la partie septentrionale du grand-duché de Varsovie, au Dépôt général
de la guerre. *Paris,* 1808. —Carte spéciale du duché de

Magdebourg, par Sotzman, 1800. —Carte du duché de Halberstadt, 1794. —Carte spéciale contenant les limites des royaumes de Prusse, depuis la Nouvelle-Marche jusqu'à la Vistule. Chacune de ces cartes en 1 f., collée sur toile, dans un étui.

1045. Carte de la Poméranie, par Gilly et Sotzmann, 1789. 6 f. collées sur toile, dans un étui.

1046. Carte chorographique et militaire du duché de Mecklenbourg-Strelitz, par Schmettau. *Berlin*, 1780, 9 f. collées sur toile, dans un étui.

1047. Carte topographique du duché de Mecklembourg-Schwerin, par de Schmettau, 1788. 16 f. collées sur toile, dans 2 étuis.

1048. Carte générale du Mecklenbourg, par Schmettau. *Berlin*, 1794, collée sur toile, dans un étui. — Carte de la partie méridionale du grand-duché de Varsovie, au Dépôt général de la guerre. *Paris*, 1808, collée sur toile, dans un étui.

1049. Carte géographique des domaines impériaux du Hanovre, particulièrement en égard des dotations que S. M. I. et R. en a daigné faire. 1 f. collée sur toile, et renfermée dans son étui.

Avec une légende mste. contenant la liste des dotations, les noms des donataires, ceux des bailliages où sont situés les domaines concédés, et le montant des revenus de chaque dotation.

1050. Carte des routes de poste de la Russie européenne, exécutée au Dépôt de la guerre de France, sous la direction du général Samson. *Paris*, 1812, 2 f. collées sur toile, dans un étui. — Plan de Moscou, avec l'indication des parties brûlées et des parties qui ont échappé aux flammes. 1 f. collée sur toile, dans un étui. *Légende mste. ajoutée.*

1051. Carte de Russie, exécutée au Dépôt de la guerre, en 1812. 12 f. collées sur toile, dans 4 étuis.

On vendra, à la suite de ce n°., diverses autres cartes en feuilles et collées.

1052. Mémoire sur la Collection des grands et petits voyages, et sur la Collection des voyages de M. Thévenot, par Camus. *Paris, Baudouin*, 1802, in-4, br.

1053. Recueil de voyages et de mémoires, publié par la

Société de géographie. *Paris, Éverat,* 1824 et 1825, in-4, tomes 1 et 2, br..

1054. Le Saint voyage et pelerinage de la cité Saincte de Hierusalem et de madame Saincte Catherine au mont de Synay, composé en latin par Bernard de Brcydenbach, et translaté de latin en franc. par frere Jehan de Hersin. (*Lyon*), 18 février 1489, in-fol. goth., fig., d.-rel.

1055. Voyage dans une partie de la France, ou Lettres descriptives et historiques, par le comte Orloff. *Paris, Bossange père,* 1824, in-8, 3 vol., d.-rel., dos de v. f.

1056. Pélerinages d'un Childe-Harold parisien, aux environs de la capitale, en Lorraine, en Alsace, à Lyon et en Suisse, extraits du portefeuille de M. D.-J. Verfèle. *Paris, A. Dupont,* 1825, in-8, 2 vol., rel. à la Bradel, fil.

1057. Lettres de W. Coxe sur l'état politique, civil et naturel de la Suisse, trad. de l'angl. (par Ramond). *Paris, Belin,* 1781, in-8, 2 vol., v. f. — Voyage de Mayer en Suisse, en 1784. *Paris, Leroy,* 1786, in-8, 2 vol., v. m.

1058. Voyage en Suisse, fait dans les années 1817, 1818 et 1819, par L. Simond. *Paris, Treuttel et Würtz,* 1822, in-8, 2 vol., d.-rel., dos de v. v.

1059. Voyage en Autriche, ou Essai statistique et géographique sur cet empire, par Marcel de Serres. *Paris, Bertrand,* 1814, in-8, fig., vol., d.-rel., dos de v. gris.

1060. Voyage en Hollande et sur les frontières occidentales de l'Allemagne, fait en 1794, trad. de l'angl. par A. Cantwel. *Paris, Buisson,* an v, in-8, 2 vol., br. — Voyage dans les trois royaumes d'Angleterre, d'Écosse et d'Irlande, fait en 1788 et 1789, par Chantreau. *Paris, Briand,* 1792, in-8, cart., 3 tom. en 2 vol., d.-rel.

1061. Voyage en Angleterre, pendant les années 1810 et 1811, par L. Simond. *Paris, Treuttel et Würtz,* 1817, in-8, fig. au bistre, 2 vol., d.-rel.

1062. Voyage dans la Grande-Bretagne, entrepris relativement aux services publics de la guerre, de la marine et des ponts et chaussées, en 1816, 1817, 1818 et 1819, par M. Ch. Dupin. *Paris, Bachelier,* 1820-24, in-4, 3 vol., et atlas gr. in-4, d.-rel., dos de v. f. ant.

1063. Le Voyage de Candie, fait par l'armée de France

en 1669, par Des Reaux de la Richardière. *Paris,
A. Pralard*, 1671, pet. in-12, v. f.

1064. Voyage à l'embouchure de la mer Noire, ou Essai
sur le Bosphore, par Andréossy. *Paris, Plancher*, 1818,
in-8, d.-rel., et atlas gr. in-4 obl., non cousu.

1065. Constantinople et le Bosphore de Thrace, pendant
les années 1812, 1813 et 1814, et pendant l'année
1826, par Andréossy. *Paris, Merlin*, 1828, in-8, br.
et atlas in-fol.

1066. Voyage de la Propontide et du Pont-Euxin, par
M. Lechevalier. *Paris, Dentu*, 1800, in-8, cartes, 2 vol.,
v. rac., fil.

1067. Voyage en Arménie et en Perse, fait dans les années
1805 et 1806, par M. P.-A. Jaubert. *Paris, Pélicier*,
1821, in-8, fig., mar. r., fil. d'or, dent. à froid.

1068. Voyage d'Orenbourg à Boukhara, fait en 1820,
rédigé par M. G. de Meyendorff, et revu par M. A. Jaubert. *Paris, Dondey-Dupré*, 1826, in-8, fig. color. et
carte, d.-rel., dos de v. v.

1069. Voyage chez les Mahrattes, trad. de l'angl. de
Tone, avec des notes rédigées en forme de glossaire, par
L. Langlès. *Paris, Éverat*, 1820, in-18, fig. color.,
d.-rel.

1070. Voyage de Fr. Pyrard, contenant sa navigation aux
Indes orientales, avec les observations, par Duval.
Paris, L. Billaine, 1679, in-4, 3 part. en 1 vol., v. br.

1071. Notes d'un voyage fait dans le Levant en 1816 et
1817 (par M. F. Didot). *Paris, F. Didot*, s. d., in-8,
d.-rel., dos de v. f. ant., fil.

1072. Établissemens des Hollandais en Asie, en Afrique et
en Amérique, avec un atlas par Van den Bosch. *Amst.,
Vanclef*, 1818, in-8, cuir de Russie, dent. à froid, et
un grand carton renfermant les planches.

1073. Voyage dans l'isle de Chypre, la Syrie et la Pales-
tine, avec l'Histoire générale du Levant, par l'ab. Ma-
riti, trad. de l'ital. *Paris, Belin*, 1791, in-8, 2 tom. en
1 vol., d.-rel.

1074. Voyage en Syrie et en Égypte, pendant les années
1783, 1784 et 1785, par C.-F. Volney. *Paris, Desenne*,
1787, in-8, tiré de format in-4, cartes, 2 vol., d.-rel.

1075. Le même. *Paris, Dugour*, an VII, in-8, fig., 2 vol.,
v. rac., fil.

1076. Relation du voyage (fait en 1723), depuis le départ d'Ostende jusqu'à l'arrivée dans la rivière de Canton dans la Chine. In-fol., v. m. *Ms*.

1077. Voyage en Chine, contenant des observations et des descriptions, par J. Barrow, trad. de l'angl. par Castéra. *Paris, F. Buisson*, 1805, in-8, 3 vol., et atlas in-4, d.-rel.

1078. Voyage historique de l'Amérique méridionale, par par D. G. Juan et D. Ant. Ulloa; avec une Histoire des Yncas du Pérou, trad. de l'espagnol (par de Mauvillon). *Amst., Arkstée et Merkus*, 1752, in-4, fig., 2 vol.,

1079. Voyage dans l'Amérique septentrionale, par Chabert. *Paris, I. R.*, 1753, in-4, cart., br.

1080. Voyage au Nouveau Mexique, précédé d'une excursion aux sources du Mississippi, pendant les années 1805, 1806 et 1809, trad. de l'angl. de Z. M. Pike par Mlle Breton. *Paris, D'Hautel*, 1812, in-8, cart., 2 vol., d.-rel., dos de v. gris.

II. *Chronologie; Histoire universelle.*

1081. L'Art de vérifier les dates des faits historiques avant l'ère chrétienne, par un religieux bénédictin, mis en ordre par Vitton de Saint-Allais. *Paris, l'Editeur*, 1820, in-fol., v. m., fil.

1082. L'Art de vérifier les dates, depuis J.-C. (par D. Dantine et autres). *Paris*, 1770, in-fol., v. éc., fil.

1083. Le même, continué par D. Clément. *Paris, Jombert*, 1783-84 et 1787, in-fol., 3 vol., v. éc.; fil.

1084. Tablettes chronologiques de l'histoire universelle, par Lenglet Dufresnoy. *Paris, De Bure*, 1763, pet. in-8, 3 vol., v. m.

1085. Tables chronologiques, trad. de l'angl. de Blair, par Chantreau. *Paris, H. Agasse*, 1795, gr. in-4, cart. à la Bradel.

1086. Chronologie d'Hérodote, conforme à son texte, par C.-F. Volney. *Paris, Courcier*, 1808, in-8, v. rac., dent., avec notes mss.

1087. Le Grand théâtre historique, ou Nouvelle histoire

universelle, tant sacrée que profane, depuis la création du monde, jusqu'au commencement du xviii° siècle, par Gueudeville. *Leide, P. Vander Aa*, 1703, in-fol., fig., 5 part. en 3 vol., v. br.

1088. Histoire universelle, depuis le commencement du monde (jusqu'en 1763), trad. de l'angl. d'une société de gens de lettres. *Amst., Arkstée et Merkus*, 1749-1792, 45 vol. — Table rédigée par de Fontenai. *Paris, Delalain, fils*, 1802, 1 vol.; les 46 vol. in-4, v. m.

1089. Élémens d'histoire générale, par Millot. *Paris, Durand*, 1778, in-12, 9 vol., v. m.

1090. Abrégé de l'histoire universelle, ancienne et moderne à l'usage de la jeunesse, par M. de Ségur. *Paris, Eymery*, 1817-1819, in-18, 25 vol., fig., d.-rel.

1091. De M. de Ségur : Histoire universelle, ancienne et moderne. *Paris*, 1821 et 1822, 10 vol. et atlas. — Mémoires, ou Souvenirs et Anecdotes, 1824 et 1826, 3 vol. — Mélanges, 1825, 1 vol. — Recueil de famille. 1826, 1 vol.; les 15 vol. in-8, d.-rel., dos de v.

III. *Histoire des religions.*

1092. Origine de tous les cultes, ou Religion universelle, par Dupuis. *Paris, H. Agasse*, an III, in-4, fig., 3 vol., v. éc., fil.

1093. Recherches historiques sur les mystères du paganisme, avec des notes, par Sainte-Croix. *Paris, De Bure frères*, 1817, in-8, 2 vol., d.-rel.

1094. Essai sur les mystères d'Eleusis, par M. Ouvaroff. *Paris, I. R.*, 1816, gr. in-8, pap. vél., br.

1095. Histoire ecclésiastique, par Fleury, avec la continuation par le P. Fabre, et la table. *Paris, Le Mercier*, 1750 et 1774, in-4, 37 vol., v. m.

1096. Histoire des papes et souverains chefs de l'église, depuis saint Pierre jusqu'à Paul V (par A. Duchesne). *Paris, Buon*, 1616, in-4, 2 vol., parch.

1097. Portrait politique des papes, depuis l'établissement du saint-siége à Rome, jusqu'en 1822, par J.-Ant. Llorenté. *Paris, Béchet aîné*, 1822, in-8, 2 vol., d.-rel.

1098.. Essai historique sur la puissance temporelle des papes (par M. Daunou). *Paris*, 1818, in-8, 2 vol., d.-rel.

1099. Nouvelles ecclésiastiques de 1713 à 1793, 22 vol. — Tables de 1720 à 1760, 2 vol. ; les 24 vol. in-4, d.-rel.

1100. L'Esprit de l'Eglise, ou Considérations philosophiques et politiques sur l'histoire des conciles et des papes, par de Potter. *Paris, Babeuf*, 1821, in-8, 8 vol., d.-rel., dos de v. f.

1101. Histoire du Concile de Trente, trad. de l'ital. de Fra-Paolo Sarpi, avec des notes, par P. F. Le Courayer. *Londres*, 1736, in-fol., 2 vol., v. f.

1102. Remarques sur le Concile de Trente, rédigées par Rassicod, avocat au Parlement de Paris. In-fol., v. f. *Ms.*

1103. Histoire de la réception du Concile de Trente dans les différens états catholiques (par l'ab. Mignot). *Amst.*, 1756, in-12, 2 vol., v. m.

1104. L'Alcoran des cordeliers, tant en latin qu'en franç., et la légende dorée. *Amst.*, 1734, in-12, 3 vol., mar. r., fil., tr. dor.

1105. Historia jesuitica, per Ludov. Lucium. *Basileæ, Genathus*, 1627, pet. in-4, parch.

1106. Le Catéchisme des Jésuites, ou Examen de leur doctrine (par Est. Pasquier). 1601, in-8, d.-rel., *(taché dans la marge du bas)*.—Et 4 autres vol. contre les Jésuites.

1107. Histoire abrégée des Jésuites et des Missionnaires pères de la foi. *Paris, Delaunay*, 1820, in-8, 2 vol., d.-rel., dos de v.

1108. Apologie générale de l'Institut et de la doctrine des Jésuites (par Cerutti). *Soleure, Schœrer*, 1763, in-8, d.-rel.

IV. *Histoires ancienne, romaine et du Bas-Empire.*

1109. Histoire d'Hérodote, trad. du grec, avec des remarques historiques et critiques, par Larcher. *Paris, Musier*, 1786, in-8, 7 vol., v. éc., fil.

1110. Un second exempl., v. m.

1112. Histoire de Diodore Sicilien, trad. de grec en franc. Les premiers livres par Rob. Macault, et les autres par Jac. Amyot. *Paris, Guillemot,* 1585, in-fol., parch.

1113. Histoire universelle de Diodore de Sicile, trad. en franç. par Terrasson. *Paris, De Bure,* 1737 à 1744, in-12, 7 vol., v. br.

1114. Justinus cum notis selectiss. varior., accurante S. D. M. C. *Amstel., L. et D. Elzevirii,* 1659, in-8, vél. — Histoire universelle de Justin, traduct. nouvelle, avec le texte, par J. Pierrot et E. Boitard. *Paris, Panckoucke,* 1827, in-8, br. (*Tome 1ᵉʳ.*)

1115. Histoire ancienne, par Rollin. *Paris, Jac. Estienne,* 1730-38, in-12, 13 vol., v. br., fatigués.

1116. Recherches nouvelles sur l'histoire ancienne, par Volney. *Paris, Vᵉ. Courcier,* 1814, in-8, 3 vol., d.-rel., chargés de notes mss.

1117. Histoire des Juifs, trad. de Flavius Joseph, par Arnauld d'Andilly. *Paris, P. le Petit,* 1672, in-12, 5 vol., v. br.

1118. Pausanias, ou Voyage historique de la Grèce, trad. avec des remarques et des notes, par Gédoyn. *Paris, Bastien,* an II, in-8, 4 vol., v. gr., fil.

1119. Voyage du jeune Anacharsis en Grèce, par J.-J. Barthélemy. *Paris, Didot jeune,* an VII, in-8, gr. pap. de Holl., 7 vol., mar. vert, dent., tr. dor.; et atlas in-fol., d.-rel., dos de mar. vert.

1120. Histoire de Grèce, trad. de l'angl. de Temple Stanyan (par Diderot). *Paris, Briasson,* 1743, in-12, 3 vol., v. m.

1121. Histoire des hommes (par Delisle de Sales), (partie ancienne; Histoire de la Grèce). *Paris,* 1780, in-8, fig., 12 vol., d.-rel. — Recueil des gravures destinées à l'histoire de l'ancienne Grèce, par l'historien des hommes. *Paris,* 1783, gr. in-fol., fig. de Duflos, v. m., fil., tr. dor.

1122. Histoire de Thucydide, traduite du grec, avec des notes par P.-Ch. Lévesque. *Paris, Gail,* 1795, in-8, 4 vol., v. rac., fil.

1123. Arriani de Expeditione Alexandri Mag. Historiarum Libri VII. Ejusdem Indica; gr. et lat., ex Bonav. Vulcanii interpretatione : Nic. Blancardus recensuit et animad-

versiones adjecit. *Amstel.*, *Janssonius à Waesberge*,
1668, in-8, v. br.

1124. Histoire des expéditions d'Alexandre, trad. du grec
d'Arrien, par P. Chaussard. *Paris, Genets*, 1802, in-8,
3 vol., et atlas in-4, d.-rel., dos de mar. vert.

1125. Examen critique des anciens historiens d'Alexandre-
le-Grand (par de Sainte-Croix). *Paris, Delance*, 1804,
in-4, br. en cart.

1126. L'Italia avanti il dominio dei Romani (di G. Micali).
Firenze, G. Piatti, 1810, in-8, 4 vol., d.-rel., dos de
v. f. ant. — Antichi Monumenti per servire all' opera
intitolata, l'Italia avanti il dominio dei Romani. *Firenze*,
1810, gr. in-fol., fig., br. en cart.

1127. T. Livii Patav. historiarum Libri (XLV). *Amst.*,
G. Blaeu, 1633, pet. in-12, v. br. — C. Velleius
Paterculus cum selectis variorum notis, ex recensione
Thysii. *Lugd.-Batav., Hackius*, 1659, in-8, v. br. —C.
Cæsaris quæ exstant, cum selectis varior. commentariis.
Amstel., ex offic. elzev., 1670, in-8, v. br.

1128. T. Livii historiarum Libri, ex recensione Heinsianâ.
Lugd.-Batav., ex offic. elzev., 1634, pet. in-12, 3 vol.,
mar. v., fil., tr. dor.—Gronovii ad Titum Livium Notæ.
Ibid., ex offic. elzev., 1645, pet. in-12, v. br.

1129. T. Livii Historiæ, cum notis variorum, accurante
Jo. Tillemonio. *Parisiis*, 1672, pet. in-8, 3 vol.,
v. br.

1130. Histoire romaine de Tite-Live, trad. par Guérin.
Paris, Savoye, 1741, in-12, 10 vol., v. m.

1131. Histoire romaine de Tive-Live, traduction nouv.
avec le texte et des notes par Dureau De Lamalle, revue
par M. Noël. *Paris, Michaud*, 1810-1812, in-8, 15 vol.,
d.-rel., dos de v.

1132. M. Vell. Paterculus, cum notis Ger. Vossii. *Lugd.-*
Batav., ex offic. elzev., 1639, pet. in-12, vél. — L.
Ann. Florus. Cl. Salmasius addidit Lucium Ampelium.
Lugd.-Batav., Elzev., 1638, pet. in-12, v. br.

1133. Eutropii Breviarium Historiæ romanæ. Accedunt
selectæ lectiones. *Parisiis, Mérigot*, 1746, in-12, v. m.,
fil. — C. Sallustii Crispi quæ exstant Omnia (cum
fragmentis). *Parisiis, Barbou*, 1774, in-12, v. m.
allem., fil.

1134. Histoire de Polybe, trad. du grec par D. Vinc.

Thuillier, avec un commentaire et un supplém. par de
Folard. *Amst., Arkstée et Merkus,* 1774, in-4, 7 vol.,
bas. m.

1135. Appiani Alexandr. de civilibus Romanorum bellis
historiarum libri V. Ejusd. liber illyrieus et celtious...
(P. Candido interprete). *Moguntiæ, Joan. Schoeffer,*
1529, in-4, v. br.

1136. C. Sallustius, cum veterum historicorum fragmentis. *Lugd.-Batav., ex offic. elzev.,* 1634, pet. in-12,
v. f.

1137. C. C. Sallustii Catilinaria et Jugurthina Bella.
Parisiis, F. Didot, 1819, gr. in-fol., pap. vél., d.-rel.,
dos de mar. r.

1138. Les Histoires de Salluste, traduites avec notes,
1°. par Beauzée. *Paris, Barbou,* an iii, in-12, bas. m.;
2°. par Lebrun. *Ibid. Brunot,* 1809, in-12, 2 vol., v.
rac., fil., tr. dor.

1139. Discours historiques et politiques sur Salluste, par
Gordon, trad. de l'angl. par de Silhouette. *Lausanne,*
1759, in-12, 2 vol., d.-rel.

1140. C. Jul. Cæsaris quæ extant, ex emendatione Jos.
Scaligeri. *Lugd.-Batav., ex offic. elzev.,* 1635, pet.
in-12, v. f. *Bonne édition.*

1141. Les Commentaires de César (trad. en franç. par de
Wailly). *Paris, Barbou,* 1766, in-12, 2 vol., v. m.

1142. Histoire des révolutions de la république romaine,
par Vertot. *Paris, Saugrain,* 1768, in-12, 3 vol.,
v. m.

1143. Histoire de la révolution qui renversa la république
romaine et qui amena l'établissement de l'Empire, par
M. Nougarède. *Paris, F. Didot,* 1820, in-8, 2 vol., v.
gauffr., fil.

1144. Un second exempl., cart. à la Bradel.

1145. Histoire romaine écrite par Xiphilin, Zonare et
Zozime, trad. du grec, par Cousin. *Paris, V*. Foucault,*
1678, in-4, v. br.

1146. C. C. Taciti historiarum et annalium Libri qui
exstant, J. Lipsii studio emendati. *Antuerp., Chr. Plan-
tinus,* 1574, pet. in-8, v. br.—C. Suetonius Tranq., et
in eum commentarius, exhibente Jo. Schildio. *Lugd.-
Batav., Hackius,* 1656, in-8, v. br.

1147. Tacitus ex J. Lipsii accuratiss. editione. *Lugd.-Bat., ex offic. elzev.*, 1634, pet. in-12, mar. r. à compart., tr. dor.

1148. Tacite, nouvelle traduction, par Dureau De Lamalle. *Paris, Th. Barrois*, 1790, in-8, 3 vol., bas. m.

1149. La Germanie, trad. de Tacite, avec le texte, par M. Panckoucke, avec un nouveau commentaire extrait de Montesquieu et des principaux publicistes. *Paris, Panckoucke*, 1824, in-4, fig., d.-rel.

1150. C. Suetonius Tranq. *Parisiis, è Typogr. Regiâ*, 1644, pet. in-12, v. br.

1151. Histoire d'Hérodien, traduite du grec avec des remarques, par Mongault. *Paris, Barrois l'aîné*, 1784, in-12, v. m. — Ammien Marcellin, nouvelle traduction (par Moulines). *Lyon, Bruyset*, 1778, in-12, 3 vol., v. m.

1152. Histoire des empereurs romains. In-4; 3 vol., v. f. *Ms.*

1153. Histoire des empereurs romains, depuis Auguste jusqu'à Constantin, par Crévier. *Paris, Desaint*, 1749-55, in-12, 12 vol., v. br.

1154. Histoire de la décadence et de la chute de l'Empire romain, trad. de l'angl. de Gibbon, par de Septchênes (Louis XVI), Demeunier et Cantwel. *Paris, Moutard*, 1788-an III, in-8, 18 vol., v. rac., fil., tr. dor.

1155. Histoire du Bas-Empire, par Le Beau, continuée par Ameilhon. *Paris*, 1757-1811, in-12, 28 tom. en 27 vol., v. m.

1156. Histoire de l'emp. Jovien, et Traductions de quelques ouvrages de l'emp. Julien, par De la Bleterie. *Amst.*, 1756, in-12, 2 vol., v. m.

V. *Histoire moderne générale, Histoire chevaleresque et héraldique.*

1157. Annales du moyen âge, depuis la décadence de l'empire romain jusqu'à la mort de Charlemagne (par M. Frantin). *Paris, Lagier*, 1825, in-8, 8 vol., d.-rel., dos de v. gris à nerfs.

1158. L'Europe au moyen âge, trad. de l'angl. de Hallam

par P. Dudouit et Borghers. *Paris, Delestre-Boulage,*
1820-1822, in-8, 4 vol., d.-rel.

1159. Tableau de l'histoire moderne, depuis la chute de
l'empire d'occident jusqu'à la paix de Westphalie, par
de Méhégan. *Paris, Saillant,* 1766, in-12, 2 vol.,
v. m.

1160. Tableau de l'histoire moderne. Pet. in-fol., v. m.,
fil. *Ms.*

1161. Introduction à l'Histoire moderne, générale et
politique de l'Univers, commencée par de Puffendorf,
augmentée par Bruzen de la Martinière, et continuée
jusqu'en 1750 par de Grace. *Paris, Mérigot,* 1759-
1763, in-4, 8 vol., v. m.

1162. Tableau des révolutions du système politique de
l'Europe, depuis la fin du xve. siècle, par Fréd. An-
cillon. *Paris, Anselin,* 1823, in-8, 4 vol., d.-rel., dos
de v. m.

1163. P. Jovii episc. historiarum sui temporis, tomi II.
Florent., Laur. Torrentinus, 1550 et 1552, gr. in-fol.,
v. f.

1164. Jac..Aug. Thuani historiæ sui temporis. *Parisiis,*
1604, pet. in-8, 5 vol., rel. en peau.

1165. Jac. Aug. Thuani Historiæ sui temporis. *Lond.,*
1733, in-fol., 7 vol., v. br.

1166. Histoire universelle de Jac.-Aug. de Thou, de 1543
à 1610 (trad. en franç. par Le Mascrier, Lebeau et
autres). *Londres (Paris),* 1734, in-4, gr. pap., 16 vol.,
v. f., fil.

1167. Actes et Mémoires des négociations de la paix de
Nimègue. *Amst., Abr. Wolfgangk,* 1679, in-12,
4 vol., vél.—Histoire du congrès et de la paix d'Utrecht,
comme aussi de celle de Rastadt et de Bade. *Utrecht,*
1716, in-12, v. br.

1168. Mémoires de M. De**** (Torcy), pour servir à
l'histoire des négociations, depuis le traité de Riswick
jusqu'à la paix d'Utrecht. *La Haye (Paris),* 1736, in-12,
3 vol., v. f.

1169. L'Espion dans les cours des Princes chrétiens (par
Marana). *Cologne,* 1739, in-12, 6 vol., v. m.

1170. Histoire de la Guerre de trente ans, trad. de l'all.
de Schiller par Ch.... (Chanfeu). *Paris, Le Normant,*
1803, in-8, 2 vol., v. rac.

1171. Annuaire historique, de 1818 à 1822, par C. L. Lesur. *Paris*, 1819 à 1823, gr. in-8, 5 vol., d.-rel., dos de v. v.

1172. Les Cabinets et les Peuples, depuis 1815 jusqu'à ce jour, par M. Bignon, 3°. édition. *Paris, Béchet aîné*, 1823, in-8, d.-rel., dos de v. f. ant. — Considérations historiques et politiques sur la Russie, l'Autriche et la Prusse, et sur les rapports de ces trois puissances avec la France et les autres états de l'Europe. *Paris, Ponthieu*, 1827, in-8, br.

1173. Constitutions des principaux États de l'Europe, et des États-Unis de l'Amérique, par J.-V. de la Croix. *Paris, F. Buisson*, 1801, in-8, 6 vol., v. m.

1174. L'Arbre des batailles, faict et composé par Maistre Honorat Bonnor. *Paris, Mich. le Noir*, 1515, pet. in-4, goth., v. f.

1175. Mémoires sur l'ancienne chevalerie, par de la Curne de Sainte-Palaye. *Paris, N. Duchesne*, 1759, in-12, 3 vol., v. m.

1175 *bis*. Abrégé chronologique des ordres de chevalerie, depuis 1113 jusqu'en 1807, par Dambreville. *Paris, Hacquart*, 1807, in-8, fig., br.

1176. Les Chevaliers normands, en Italie et en Sicile, et Considérations générales sur l'histoire de la chevalerie, et particulièrement sur celle de la chevalerie en France, par M°°. V. de C******** (Victorine de Chastenai). *Paris, Maradan*, 1816, in-8, d.-rel.

1177. Histoire des chevaliers hospitaliers de S. Jean de Jérusalem, depuis chevaliers de Malte, par de Vertot. *Paris, Rollin*, 1726, in-4, fig., 4 vol., v. br.

1178. Mémoires historiques concernant l'Ordre royal et militaire de St.-Louis, et l'institution du Mérite militaire. *Paris, Impr. R.*, 1785, in-4, br. en cart.

1179. Histoire générale des ordres de chevalerie civils et militaires existans en Europe, par Viton Saint-Allais. *Paris, l'Auteur*, 1810 et 1811, très gr. in-4, pap. vél., fig. color., 2 vol., cart. à la Bradel, pap. mar., dent.

1180. Traité de la noblesse, et de toutes ses différentes espèces, augmenté des Traités du blason des armoiries de France, par de la Roque. *Rouen, P. Le Boucher*, 1734, in-4, v. m. allem., fil.

1181. Traité singulier du blason, contenant les règles des

armoiries, par G.-A. de la Roque. *Paris, S. Mabre-Cramoisy*, 1673, in-12, v. br.

1182. Histoire généalogique des maisons souveraines de l'Europe depuis leur origine, par Viton. *Paris, l'Auteur*, 1811 et 1812, in-8, pap. vél., 3 tom. en 2 vol., rel. en cart., pap. mar., dent., tr. dor.

1183. Traité de la noblesse des capitouls de Toulouse (par de Lafaille). *Toulouse, Forest*, in-4, bas. m.

1184. Armorial général de l'empire français, par Simon. *Paris, l'Auteur*, 1812, gr. in-fol., pl., 2 vol., br. en cart.

1185. Armorial général de la Chambre des Pairs de France, par M. de Courcelles, gravé par A.-P. Lefèvre. *Paris*, 1822, in-4, cart. à la Bradel.

1186. Grands-Aigles de la Légion-d'Honneur, in-4, portr., cart. à la Bradel.

1187. Histoire chronologique, généalog. et politique de la maison de Bade, par M. Viton. *Paris, l'Auteur*, 1807, in-8, 2 vol., d.-rel., dos de v. vert.

1188. L'Historia di casa Orsina di Fr. Sansovino.—Degli Huomini illustri della casa Orsina, Libri IV, del medesimo. *Venetia, Bern., et Filip. Stagnini*, 1565, pet. in-fol., fig., mar. r. à compart., tr. dor.

*

VI. *Histoire de France.*

§ Ier. *Histoire antérieure à la révolution.*

1189. Précis historique de l'ancienne Gaule, ou Recherches sur l'état des Gaules avant les conquêtes de César, par Th. Berlier. *Bruxelles, Hayez*, 1822, in-8, d.-rel. —— Guerre des Gaules, trad. des Mémoires dits commentaires de César, avec des notes, par Th. Berlier. *Paris, Parmantier*, 1825, in-8, d.-rel.

1190. Histoire de France, depuis les Gaulois jusqu'à la fin de la monarchie, par Anquetil. *Paris, Garnery*, 1805, in-12, 14 vol., d.-rel.

1191. Histoire de France, depuis Faramond jusqu'à la

paix de Vervins inclusivement, par Fr. de Mezeray. *Paris, Guillemot,* 1643-1651, in-fol., fig., 3 vol., v. f., fil.

1192. Histoire de France, depuis l'établissement de la monarchie, par Velly, Villaret et Garnier. *Paris,* 1770-1786, in-4, 15 vol., v. m., fil.

1193. Histoire des Français, par J. Simonde de Sismondi. *Paris, Treuttel et Würtz,* 1821-1828, in-8, 12 vol. Les 9 prém. vol. en d.-rel., et les 3 autres brochés.

1194. Nouvel Abrégé chronologique de l'histoire de France (par le prés. Hénault). *Paris, Prault,* 1768, pet. in-8, 3 vol., v. éc., fil.

1195. Tablettes anecdotes et historiques des rois de France, depuis Pharamond, jusqu'à Louis XV (par Dreux du Radier). *Paris, Clément,* 1759, pet. in-12, 3 vol., v. m.

1196. La France sous ses rois; Essai historique sur les causes de la chute des trois premières dynasties, par A. H. Dampmartin. *Paris, Le Normant,* 1810, in-8, 5 vol., br.

1197. Tableau historique et politique de la France, sous les trois premières dynasties, jusqu'au règne de Louis XIV, par Delacroix. *Paris, Arth. Bertrand,* 1814, in-8, 3 vol., v. rac. d'acaj., dent.

1198. Recueil des historiens des Gaules et de la France, par D. Bouquet (continué par DD. Haudiquier, Précieux, Clément, Poirier et Brial). *Paris,* 1738-1822, in-fol., 18 vol., v. br.

1199. Gregorii turon. historiæ Francorum Libri X. *Parisiis, Guil. Morelius,* 1561, in-8, parch.

1200. Collection des Mémoires relatifs à l'histoire de France. Ire. série, depuis le règne de Philippe-Auguste jusqu'au commencement du xviie. siècle, avec des notices et des observations par Petitot. *Paris, Foucault,* 1820-26, in-8, 52 vol., br. Et IIe. série, depuis Henri IV. *Ibid.,* 1820-1829, in-8, 78 vol., br.

1201. Abailard et Héloïse, avec un aperçu du xiie. siècle comparé avec le siècle actuel, et une vue de Paris tel qu'il était alors, par F. C. Turlot. *Paris, Janet et Cotelle,* 1822, gr. in-8, fig., rel. à la Bradel.

1202. Histoire de St.-Louis, par de Joinville. Les Annales de son règne, par Guil. de Nangis; sa vie et ses miracles, par le confesseur de la reine Marguerite. Accompagnée d'un Glossaire. *Paris, I. R.*, 1761, in-fol., v. rac., fil.

1203. De la Féodalité, des Institutions de saint Louis, et de l'Influence de la législation de ce prince, avec des notes, par F. A. Mignet. *Paris, L'Huillier,* 1822, in-8, pap. vél., d.-rel., dos de v. br. ant.

1203 *bis.* Histoire de la rivalité de la France et de l'Angleterre, par Gaillard. *Paris, Desaint,* 1771, in-12, 11 vol., bas. m.

1204. Les Beaulx et merveilleux faiz que fist en son temps Messire Bertran Duguesclin, connestable de France.— Explicit le bel et plaisant livre de Messire Bertran du Guesclin, en son vivant, connestable de France. Pet. in-fol., v. br. *Ms. du* xv\ *siècle.*

1205. Histoire et Règne de Charles VI, par M\. de Lussan. *Paris, Pissot,* 1753, in-12, 9 vol., v. m.

1206. Mémoires de Ph. de Comines, avec un supplément par Godefroy. *Brusselles, Foppens,* 1714, in-8, 4 vol., v. br.

1207. Histoire de Louis XI, par Duclos. *La Haye (Paris),* 1750, in-12, 3 vol., v. m.

1208. Le Règne de Louis XI, considéré comme une des principales époques de la monarchie française, par Alex. Dumesnil. *Paris, Maradan,* 1819, in-8, pap. vél., cart. à la Bradel.

1209. Mémoire pour servir à une nouvelle histoire de Louis XII (par Rœderer). *Paris, F. Didot,* 1819, in-8, d.-rel.

1210. Louis XII et François I\., ou Mémoires pour servir à une nouvelle histoire de leur règne, suivis d'appendices comprenant une discussion entre M. Daru et l'auteur, concernant la réunion de la Bretagne à la France, par P. L. Rœderer. *Paris, Bossange frères,* 1825, in-8, pap. vél., 2 vol., d.-rel., dos de v. bl.

1211. Un second exemplaire, broché.

1212. Histoire de François I\., par Gaillard. *Paris, Saillant.* 1769, in-12, 8 vol., v. m.

1213. François I\., ou les Choses les plus mémorables arrivées sous son règne durant les années 1516 à 1519. (Livres 2 à 9 inclus.) Gr. in-4, 4 vol., parch. Ms. du siècle dernier.

1214. Histoire du règne de Henri II, par l'ab. Lambert. *Paris, Cl. Bauche,* 1755, in-12, 2 vol., v. m.

1215. Lettres et Mémoires du règne de Henry II, depuis 1548 jusqu'en 1558, 1 vol.; et depuis 1547 jusqu'en 1563, 1 vol. Les 2 vol. in-fol., v. f., fil. *Mss.*

1216. Charles IX, ou les Choses les plus mémorables arrivées sous son règne, durant l'année 1561 (Livres I et II). Gr. in-4, parch., non rogné. *Ms. du* xviie. *siècle.*

1217. Histoire de France pendant les guerres de religion, par M. Lacretelle. *Paris, Delaunay,* 1814-1816, in-8, 4 vol., bas. rac., fil.

1218. L'Esprit de la Ligue (par Anquetil). *Paris, Hérissant,* 1767, in-12, 3 vol., bas. m.

1219. De l'Etat et Succès des affaires de France. Ensemble une sommaire histoire des seigneurs, comtes et ducs d'Anjou, par Bern. de Girard. *Paris, P. L'Huillier,* 1572, in-4, parch.

1220. Mémoires de Condé, publiés par Secousse, augmentés d'un supplément (par Lenglet Dufresnoy). *Paris, Rollin,* 1743, in-4, 6 vol., v. m.

1221. Mémoires du règne de Henri III. *May,* 1589, pet. in-fol., v. f., fil. *Ms.*

1222. Recueil de diverses pièces servant à l'histoire de Henry III. *Cologne, P. du Marteau,* 1662, pet. in-12, v. fil. — Recueil de diverses pièces pour servir à l'histoire. *Cologne, du Castel (Hollande, à la Sphère),* 1664, pet. in-12, v. br.

1223. Mémoires pour servir à l'Histoire de France, depuis 1515 jusqu'en 1611 (par Lestoile). *Cologne,* 1719, pet. in-8, fig., 2 vol., v. br.

1224. Journal des choses mémorables du règne de Henry III. 1720, 2 vol. — Description de l'isle des hermaphrodites, ou Supplém. au Journal de Henry III. *Cologne,* 1724, 1 vol. Les 3 vol., pet. in-8, v. f.

1225. Histoire de Henry III, par de Varillas. *Paris, Cl. Barbin,* 1695, in-12, 6 vol., v. m.

1226. Satyre Ménippée de la vertu du catholicon d'Espagne, et de la tenue des estats à Paris. *Ratisbonne (Holl., Elsev.),* 1664, pet. in-12, v. br.

1227. Histoire du roy Henry le Grand, par Hardouin de

Péréfixe. *Amst.*, *Dan. Elzev.*, 1664, pet. in-12, parch.

1228. Négociation de Vervins : Traité de Vervins. 1598, in-fol., parch. *Ms.*

1229. Mémoires des sages et royales œconomies d'Estat, de Henry le Grand , par Max. de Béthune (duc de Sully). *Amst., aux W. verts, et Paris, Courbé*, 1662, in-fol., 4 tom. en 3 vol., v. f.

1230. L'Intrigue du cabinet, sous Henri IV et Louis XIII, terminée par la Fronde, par Anquetil. *Paris, Moutard*, 1780, in-12, 4 vol., d.-rel.

1231. Mémoires pour servir à l'histoire d'Anne d'Autriche, par Mad. de Motteville. *Amst., Changuion*, 1723, in-12, 5 vol., v. m.

1232. Mémoires particuliers pour servir à l'Histoire de France , sous les règnes de Henri III, de Henri IV, et sous Louis XIII. *Paris, Didot*, 1756, in-12, 4 tom. en 3 vol., v. m.

1233. Vol. in-fol., v. br., contenant nombre de pièces mstes des xvi°. et xvii°. siècles, dont : Des légats , traité sommaire fait au sujet de la légation du cardinal Chigi ; Légation du cardinal Barberini, en 1625 ; Recueil des requêtes du Parlement sur les légats à latere ; Facultates cardinalis Duprat ; Facultates cardinalis Ursini ; Bulla legationis cardinalis Sancti Georgii ; Bulla legationis cardinalis Chigi ; Lettre du Roi à M. de Béthune, du 12 avril 1625 ; autres Lettres du même temps ; Discours du voyage de M. le légat de Lyon à Paris ; Remarques sur l'établissement du Conseil général de l'Union, de 1589 ; Instruction au S. Myran, envoyé vers le duc de Nevers, 1589; Relation sommaire de ce qui s'est passé en la négociation du card. Barberini, légat en France, sur les affaires de la Valteline, en 1625 ; Résolution de ceux de Sorbonne ; Pièces curieuses concernant la ligue ; Traité du cardinal de Bourbon et des ducs de Guise et du Maine avec l'Espagne, janvier 1585 ; Conférences de Sorbonne depuis quelques années, etc., etc.

1233 *bis*. Extraits fort amples tirez de l'histoire du règne de Louis XIII, composez sur les mémoires et par le commandement du card. de Richelieu, depuis 1631 jusqu'à la fin de 1636, escrits par Achilles de Harlay. In-fol., parch. *Ms. du temps.*

1234. Vol. in-fol., mar. r., fil., aux armes de la duchesse de Montpensier, contenant environ 30 pièces historiques, dont : les Amours de Christine, duchesse de Savoie, trad. d'italien en franç. ; Mémoires concernant la reine Christine; Procès criminels faits au duc de la Valette, en 1639, et aux Princes unis à Sedan, contre le Roi ; l'Arrêt du Conseil portant condamnation à mort contre le duc de la Valette; Arrêt de la Cour de Parlement en faveur du duc de la Valette; Affaire de Sedan, touchant la prise d'armes des Princes unis; Guerre de Paris; Guerre de Guienne, etc., etc. Le vol. est terminé par un Journal, ou Mémoires de la vie politique et militaire d'un des petits-fils du connétable Anne de Montmorenci, sous les rois Charles IX et Henri III, adressés par lui, en forme d'instruction, à son fils. *Pièce inconnue aux continuateurs du P. Lelong.*

1235. Mémoires d'état, par de Villeroy. *Amst.*, 1725, pet. in-12, 7 vol., v. m.

1236. Apologie de M. de Beaufort contre la cour, la noblesse et le peuple; Brigues pour le gouvernement ; Guerres de Paris; Guerres de Guyenne; Lettre du card. Mazarin à M. de Brienne; Articles et conditions dont S. A. R. et M. le prince sont convenus pour l'expulsion du card. Mazarin. Gr. in-fol., parch. *Ms. du* XVIIIe. *siècle.*

1237. Lettres du card. Mazarin, pendant le voyage de St.-Jean de Luz, depuis le 10 juillet jusqu'au 12 novembre 1659. In-fol., v. f., fil. *Ms.*

1238. Recueil de pièces en prose et en vers, qui ont paru pendant les troubles de la France, connues sous le nom de Mazarinades. In-4, 34 vol., rel. en vél., et 27 en v. br., plusieurs de ces 61 vol. ornés de portraits.

Collection curieuse, citée avec éloge par M. de Saint-Aulaire, dans son Hist. de la Fronde; on y trouve, entre autres pièces, la Viole violée; le Fils de l'impudique; la Chemise sanglante de Mazarin; Poésie sur la barbe du premier Président; le Retour du prince de Condé dans le ventre de sa mère; Lettres de la petite nichon du Marais; l'Oignon à Mazarin ; plusieurs des Mazarinades composées par Mézeray, sous le nom de Sandricourt, etc., etc.

1239. Histoire de la Fronde, par M. de Saint-Aulaire. *Paris, Baudouin frères,* 1827, in-8, 3 vol., d.-rel., dos de v. gris, fil.

1240. Depesches des comtes de Brienne père et fils,

pendant le voyage pour le mariage du Roy (Louis XIV, en 1660). In-fol., v. f. 118 *pièces originales.*

1241. Essai sur l'établissement monarchique de Louis XIV, précédé de Nouveaux mémoires de Dangeau, par P. Lémontey. *Paris, Déterville,* 1818, in-8, d.-rel.

1242. Mémoires de Mlle. de Montpensier. *Amst., Bernard,* 1730, in-12, 6 tom. en 3 vol., v. f.

1243. Mémoires de Bassompierre, contenant l'histoire de sa vie. *Cologne, P. du Marteau,* 1692, pet. in-12, 2 vol., v. br.

1244. Relation de la conduite présente de la cour de France, adressée à un cardinal à Rome, par un seigneur romain, trad. d'ital. en françois. In-fol., parch. *Ms. du siècle dernier.*

1245. Mémoires de Dangeau, de 1684 à 1718. In-fol., 18 vol., parch. *Ms. (Le tome 8 manque.)*

1246. Mémoires de M. de S. H*** (Saint-Hilaire). *Amst.,* 1766, in-12, 4 vol., v. m.

1247. Mémoires de Gourville. *Paris, Le Clerc,* 1782, in-12, 2 vol., d.-rel.

1248. Mémoires des dépenses que le Roi a faites dans ses bâtimens, depuis 1664 jusqu'en 1690. In-fol., v. rac., fil., tr. dor.

Ms. moderne, d'une écriture fort nette.

1249. L'Ombre du marquis de Louvois consultée par Louis XIV sur les affaires présentes. In-4, v. m.

Copie mste. du siècle dernier.

1250. Mémoires-anecdotes pour servir à l'histoire des règnes de Henri IV, Louis XIII, Louis XIV et Louis XV, 1792. In-12, 8 vol., d.-rel.

1251. Louis XIV, sa Cour et le Régent, par Anquetil. *Paris, Moutard,* 1789, in-12, 4 vol., v. m.

1252. Mémoires du duc de Saint-Simon, et supplém. *Paris, Buisson,* 1788 et 1789, in-8, 7 vol., bas. rac.

1253. Recueil de pièces en prose et en vers, pour servir à l'Histoire de France sous le règne de Louis XV. In-4, 4 vol., v. br.

Ms. du temps.

1254. Histoire de France pendant le XVIIIe. siècle (depui

1700 jusqu'à l'ouverture des États-Généraux.), par M. Lacretelle. *Paris, F. Buisson,* 1808-1812, in-8, 6 vol., v. rac.

1254 *bis.* La même, et les 2 vol. de l'histoire de l'Assemblée constituante, par M. Lacretelle. 1811, in-8, 2 vol., v. rac.

1255. Vie privée de Louis XV (par Arnoux Laffrey). *Londres,* 1781, in-12, 4 vol., d.-rel.

1256. Mémoires du duc de Choiseul, écrits par lui-même. *Chanteloup et Paris, Buisson,* 1790, in-8, 2 vol., v. m.

1257. Extraits des Mémoires relatifs à l'Histoire de France, depuis 1757 jusqu'à la révolution, par Aignan. *Paris, Mme. Desoer,* 1824, in-8, 2 vol., d.-rel.

§ II. *Histoire de la révolution et de la restauration.*

1258. Revue chronologique de l'Histoire de France, 1787-1818. *Paris, F. Didot,* 1820, in-8, v. gaufré, fil.

1259. Précis historique de la révolution française. — Assemblée constituante, par Rabaut. 1809, 1 vol. — Directoire exécutif, par M. Lacretelle jeune. *Paris,* 1806, 2 vol. Les 3 vol. in-32, fig., bas. rac.

1260. Essais historiques sur les causes et les effets de la révolution de France, avec des notes, par C.-F. Beaulieu. *Paris, Maradan,* 1801-1803, in-8, 6 vol., rel. à la Bradel.

1261. Considération sur les principaux évènemens de la révolution française, par Mad. de Staël. *Paris, Delaunay,* 1818, in-8, 3 vol., d.-rel.

1262. Gazette nationale, ou le Moniteur universel, *savoir :* Introduction, 1 vol. ; de Novembre 1789 à Décembre 1828, 78 vol. ; Analyses et Tables de Gérardin, 2 vol. ; Tables, de 1799 à 1814, 1 vol., et celles de 1815 à 1822, réunies en 1 vol. Total : 83 vol. gr. in-fol., br. en cart.

1263. Collection des Mémoires relatifs à la révolution française, publiée par MM. Berville et Barrière. (Livraisons 1 à 21.) *Paris, Baudouin frères,* 1821-1824, in-8, 48 vol., br.

1264. Esquisses historiques des principaux événemens de la révolution française, par Dulaure. *Paris, Baudouin frères*, 1823-25, gr. in-8, fig., 5 vol., d.-rel., dos de v. f.

1265. Histoire de France, depuis la fin du règne de Louis XVI jusqu'à l'année 1825, précédée d'un discours sur les causes qui ont amené la révolution, par l'ab. de Montgaillard. *Paris, Moutardier*, 1827, in-8, 9 vol., d.-rel., dos de v., fers à froid, fil.

1266. Relation du départ de Louis XVI, le 20 juin 1791, par le duc de Choiseul, extraite de ses Mémoires inédits. *Paris, Baudouin*, 1822, in-8, br. — Mémoires secrets et universels des malheurs et de la mort de la reine de France, par M. Lafont d'Aussonne. *Paris, Petit*, 1825, in-8, portr., br.

1267. Inventaire des diamans de la couronne, perles, pierreries, tableaux et autres monumens des arts et des sciences existans au Garde-Meuble, fait par Bion, Christin et Delattre. *Paris, Imprim. Nationale*, 1791, in-8, 2 part. en 1 vol., rel. à la Bradel.

1268. OEuvres de Mad. Roland, précédées d'un discours préliminaire, et accompagnées de notes, par Champagneux. *Paris, Bidault*, an viii (1800), in-8, 3 vol., v. rac., fil.

1269. Mémoires pour servir à l'histoire de la guerre de la Vendée, par L.-M. Turreau. *Evreux, les frères Chaumont*, an iii, in-8, d.-rel. — Histoire de la guerre de la Vendée et des Chouans, par Alph. Beauchamp. *Paris, Giguet et Michaud*, 1806, in-8, carte, 3 vol., v. rac.

1270. Alliance des Jacobins de France avec le ministère anglais, suivie des Stratagêmes de Fr. Drake. = Mémoire concernant la trahison de Pichegru, dans les années III, IV et V, par R. de Montgaillard. *Paris, Impr. de la Républ.*, an xii, in-8, d.-rel.

1271. Papiers saisis à Bareuth et à Mende, publiés par ordre du Gouvernement. *Paris, Impr. de la Républ.*, an x, in-8, d.-rel.

1272. Copies des lettres originales et Dépêches des généraux, ministres..., écrites de Paris à Buonaparte, à Dresde, interceptées par les avant-postes des alliés dans le nord de l'Allemagne. *Paris, Galignani*, 1815, in-8, d.-rel.

1273. De Vitâ et gestis Napoleonis magni Commentarius
(authore Ph. Timotheo). *Romæ, ex offic. Perego-
Salvioniá,* 1810, pet. in-fol., br. (*Tom. primus.*)

1274. Fred. Rothii de Bello borussico Commentarius.
Stuttgartiæ, J. F. Steinkopf, 1808, in-8, pap. vél., br.

1275. Correspondance inédite, officielle et confidentielle
de Napoléon Bonaparte avec les cours étrangères..., en
Italie, en Allemagne et en Égypte. *Paris, Panckoucke,*
1809-1820, in-8, vol., d.-rel.

1276. Histoire de la guerre de la Péninsule sous Napoléon,
par le général Foy, publiée par la comtesse Foy.
Paris, Baudouin frères, 1827, in-8, 4 vol., d.-rel.,
dos de v. v.

1277. Histoire de Napoléon et de la Grande-Armée pendant l'année 1812, par M. de Ségur. *Paris, Baudouin,*
1825, in-8, gr. pap. vél., portr. avant la lettre, 2 vol.,
cart. à la Bradel.

1278. La même, pet. in-12, pap. vél., fig., 2 vol., cart. à
la Bradel, pap. gaufré.

1279. Napoléon et la Grande-Armée en Russie, ou Examen
critique de l'ouvrage de M. de Ségur, par le général
Gourgaud. *Paris, Bossange frères,* 1825, in-8, rel. à la
Bradel.

1280. Rapport à l'Empereur par le ministre des relations
extérieures sur la guerre avec l'Autriche, 20 août 1813.
(*Dresde*), in-4, br.

1281. Manuscrits de l'an III, de 1812, de 1813, de 1814,
par le baron Fain. *Paris,* 1823-28, in-8, 6 vol.,
d.-rel.

1282. Portefeuille de 1813, ou Tableau politique et
militaire renfermant, avec le récit des événemens de
cette époque, un choix de la correspondance inédite de
Napoléon, etc., par M. de Norvins. *Paris, Mongie aîné,*
1825, in-8, 2 vol., d.-rel.

1283. Histoire secrète du cabinet de Napoléon Buonaparte
et de la cour de Saint-Cloud, par Lewis Goldsmith.
Londres et Paris, 1814, in-8, 2 tom. en 1 vol., rel. à la
Bradel.

1284. Mémoires pour servir à l'Histoire de France, sous
Napoléon, écrits et publiés sur les mss. corrigés de la
main de Napoléon, par le comte de Montholon et le

général Gourgaud. *Paris, F. Didot*, 1823-1825, in-8, 8 vol., d.-rel., dos de v. f. ant.

1285. Napoléon en exil à Sainte-Hélène: relation contenant les opinions et réflexions de Napoléon, recueillies par Barry E. O'méara, terminées par une notice historique sur la mort de Napoléon, etc. *Paris, Plancher*, 1822, in-8, fac-simile, 2 vol. d.-rel., dos de v. bleu.

Exempl. chargé de notes manuscrites.

1286. Recueil de pièces authentiques sur le captif de Sainte-Hélène, de mémoires et documens écrits ou dictés par Napoléon, suivis de Lettres du comte Bertrand, de Las Cases, du général Gourgaud, etc. *Paris, Al. Corréard*, 1821 et 1822, in-8, portr., 4 vol., d.-rel., dos de v. viol.

1287. Mémorial de Sainte-Hélène, par le comte de Las Cases. *Paris, l'Auteur*, 1823 et 1824, in-8, 9 vol., d.-rel., dos de v. bleu.

1288. Mémoires du duc de Rovigo, pour servir à l'histoire de Napoléon. *Paris, A. Bossange*, 1828, in-8, 8 vol., rel. à la Bradel.

1289. Histoire de Napoléon, par M. de Norvins. *Paris, A. Dupont*, 1827 et 28, in-8, fig., 4 vol. d.-rel., dos de v. vert. à nerfs, fers à froid, pap. m.

1290. Mémoires du général Rapp (sur Bonaparte). In-4, d.-rel. *Ms.*

1291. Bibliothèque historique, ou Recueil de matériaux pour servir à l'histoire du temps. *Paris, Delaunay*, 1818-20, in-8, 14 vol., d.-rel.

1292. Discours et opinions, journal et souvenirs de S. Girardin. *Paris, Moutardier*, 1828, in-8, 4 vol., d.-rel., dos de v. bleu, à nerfs, fil. d'or.

1293. Mémoires de Fauche-Borel, suivis de sa Réponse au sujet de ses Mémoires. *Paris, Moutardier*, 1829, in-8, portr. et fac-simile, 4 vol., d.-rel., dos de v. bleu à nerfs, pap. maroq.

1294. Mémoires historiques du chev. de Fonvielle. *Paris, Ponthieu*, 1824, in-8, 4 vol., br.

1295. Mémoires inédits de Mad. la comtesse de Genlis, sur le xviiie. siècle et la révolution française, depuis 1756 jusqu'à nos jours. *Paris, Ladvocat*, 1825, in-8, 10 vol., br.

1296. Mémoires d'une contemporaine, ou Souvenirs d'une femme sur les principaux personnages de la république, du consulat, de l'empire, etc. *Paris, Ladvocat,* 1827 et 1828, in-8, 8 vol., rel. à la Bradel.

1297. Mémoires d'une femme de qualité, sur Louis XVIII, sa cour et son règne. *Paris, Mame,* 1829, in-8, tomes 1 et 2, br.

1298. Inscriptiones VI gentilitiæ ad Ludovicum XVIII. *Parisiis, P. Didot,* 1816, gr. in-fol., rel. en cart., pap. mar., non rogné.

1299. La Minerve française, par MM. Aignan, Benj. Constant, etc. *Paris,* 1818 à 1820, in-8, 9 vol., d.-rel.

1300. Mémoires, Lettres et Pièces authentiques touchant la vie et la mort du duc de Berry, par M. de Châteaubriand. *Paris, Le Normant,* 1820. = Discours à la mémoire du duc de Berry, par M. l'ab. Feutrier. *Paris, A. Le Clere,* 1820. = Un mot sur les deux procès-verbaux dressés après la mort du duc de Berry, par M. Forestier, 1821. = Nouveau Nunc Dimittis, ou Cantique d'un vieillard à l'occasion de l'heureuse naissance du duc de Bordeaux, par Th. Mandar. *Paris, Le Blanc,* 1820, in-8, rel. à la Bradel.

1301. Le duc de Berry, ou les Vertus et belles actions d'un Bourbon, par Ed. Hocquart. *Paris, Bulla,* 1820, in-4, 12 gravures.

1302. 3 vol. in-8, d.-rel., contenant les pièces suivantes :

Mémoire pour le maréchal de Bellune sur les marchés Ouvrard ; de la Direction générale des subsistances sous le ministère du duc de Bellune, par le C. Andréossy ; Mémoire du même, sur ce qui concerne les marchés Ouvrard ; Mémoire pour Ouvrard, sur les affaires d'Espagne, par Mauguin ; Esquisse anecdotique sur le munitionnaire de l'armée d'Espagne et sur ses marchés, par S. L. C. ; sur l'Affaire dont la Chambre des Pairs est saisie, et du Ministère envers les Chambres, par le même ; Opération dévoilée du Sr. Ouvrard, relativement aux marchés de Bayonne, par de Beaurepaire ; de l'Administration de l'armée d'Espagne, et du Système des entreprises ; sur MM. de Villèle et Ouvrard, relativement aux fournitures de l'armée d'Espagne, par M. Coustelin ; Réflexions impartiales sur le procès relatif aux marchés Ouvrard ; État réel de la question sur les services administratifs de l'armée d'Espagne, sur l'Affaire dont la Chambre des Pairs est saisie et du Ministère envers les Chambres, par M. Coustelin ; des Marchés Ouvrard ; Rapport fait contre les soumissions et les traités, et Réfutation de ce rapport, par A. Marchand ; Rapport de la commission créée pour recueillir les documens sur les dépenses de la guerre d'Espagne ; Abrégé analytique du Compte rendu et du Rapport au Roi sur ces dépenses ; MM. Ouvrard contre M. L. Tourton; deux Extraits de la Gazette des Tribunaux, relativement à l'affaire Tourton et Ouvrard; Renseignemens faisant suite au Mémoire sur l'Administration militaire de l'armée des Pyrénées, par M. Sicard; Renseignemens relatifs aux opérations militaires et administratives de la campagne d'Espagne, en 1823; Lettre de M. de Bonnay sur le Rapport présenté au Roi par la Commission d'enquête, du 30 juin 1824, par M. Filleul Baugé; Pétition aux Chambres sur un acte arbitraire commis par le général Guilleminot, en Espagne.

1303. La Vérité sur les marchés Ouvrard, par M. P. de Salvandy. *Paris, Ponthieu,* 1825, in-8, br.

1303 *bis.* Mémoires de G.-J. Ouvrard, sur sa vie et ses diverses opérations financières. *Paris, Moutardier,* 1826, et 1827, in-8, 3 vol., rel. à la Bradel.

1304. 4 vol. in-4, d.-rel., contenant les pièces suivantes sur les marchés Ouvrard :

Mesures administratives dans la campagne de 1823. Armée des Pyrénées sous le commandement de Mgr. le duc d'Angoulême. — Observations sur le Rapport de la Commission instituée par l'ordonnance du 30 juin 1824. *Ms.* — Affaire administrative de la campagne de 1823; Exposé sommaire des mesures administratives adaptées pour l'exécution de cette campagne. — Appendice; Examen des marchés passés par l'administration de l'armée d'Espagne. — Notes concernant plus particulièrement le Rapport de la Commission d'enquête, et ses développemens. — Pièces fondamentales de l'arrêt rendu par la Cour des Pairs, le 3 août 1826. — Ministère de la guerre en 1822 et 1823, par le maréch. duc de Bellune. — Administration militaire de l'armée des Pyrénées, du 28 janvier au 21 avril 1823, par M. Sicard; Réponse à ce Mémoire, par M. Perceval. — De l'Administration et des Dépenses de l'armée d'Espagne, au delà des Pyrénées (campagne de 1823), par l'intendant militaire Regnault. — Service des subsistances et du chauffage. Armée d'occupation en Espagne (exercice 1824). Tableau des dépenses faites pour l'exécution du service des subsistances et du chauffage de l'armée, comparées à celles qui seraient résultées de l'application des prix des traités Ouvrard, pour l'exercice 1823 (*sept pièces mstes.*). — Convention passée à Madrid, le 26 juillet 1823, entre le baron de Joinville et M. Ouvrard, pour les fournitures de l'armée d'Espagne, pendant toute la durée de la guerre. Lettre de M. de Joinville, suivie de Considérations sur l'acte du 26 juillet 1823, par le même (*pièce originale de 13 pages*). — Note du munitionnaire de l'armée d'Espagne sur ses marchés et sur son service. Protestation de l'ex-munitionnaire (*pièce mste.*). — Service des viandes. Entreprise Dubrac. — Revue impartiale des opérations de la campagne de 1823 (supplément), par le lieutenant-colonel Aug. d'Aubrois. — Notes concernant plus particulièrement le Rapport de la Commission d'enquête, et ses développemens. — Nécessité, sous la monarchie régénérée, de prévenir et de réprimer les dilapidations aux armées. — Mémoire de Victor Ouvrard, ex-munitionnaire de l'armée d'Espagne, et de Julien Ouvrard, contre le S^r. Tourton. — Mémoire de G.-Jul. Ouvrard, contre Tourton; un Mot sur le Mémoire et sur les deux consultations imprimées, publiées par Ouvrard. — Mémoire à consulter pour Tourton; Réponse de Tourton à l'écrit intitulé : *Précis présenté à la Cour royale, Chambre d'accusation, par le S^r. G.-J. Ouvrard.* — Mémoire pour Tourton, contre les S^{rs}. Ouvrard. — Mémoire du S^r. Rollac à MM. les Membres composant la Société d'enquête. —

Ministère de la guerre. Subsistances militaires. Vivres-pain. — Vincent Roumière-Montpriest à S. E. le Ministre de la Guerre.—Mémoire pour Vinc. Roumière-Montpriest, contre Aug. Albans-Dubrac. — Au Roi, recours à la justice gracieuse de S. M., par le S^r. Genty. — Précis pour les S^{rs}. Dieudé et consorts.—L'Agonie des sous-traitans espagnols qui ont fait les fournitures aux troupes françaises... (en espagnol et en franç.). — Pétition à la Chambre des Députés par les fournisseurs espagnols. — Sur l'Administration, par Ouvrard.—Cour des Pairs. Affaire des marchés de Bayonne; Rapport et Réquisitoire de M. le Procureur général; Rapport fait par M. de Portalis. — Notes sur les subsistances. — Cour des Pairs. Supplément d'instruction; Réquisitoire de M. le Procureur général.

1305. Rapport de la Commission créée par l'ordonnance du 30 juin 1824, pour recueillir des documens sur les dépenses de la guerre d'Espagne; Procès-verbaux; Pièces justificatives; Rapports des généraux et intendans militaires. In-4, 5 vol., v. éc.

§ III. *Histoire des Provinces, Départemens et Villes.*

1306. Mémoires (statistiques) dressés sous Louis XIV par les intendans des généralités et provinces de Caen, Flandres, Hainault, Artois, Amiens, Rouen, Alençon, Bretagne, Maine, Perche, Anjou, Orléans, Soissons, Bourges, Tours, Poitiers, la Rochelle, Limoges, Riom, Bordeaux, Béarn, Montauban. Languedoc, Provence, Dauphiné, Lyon, Moulins, Bourgogne, Châlons, Lorraine, Alsace. Réunis en 12 vol., in-fol., v. m.

1307. État de la France, avec des Mémoires historiques sur l'ancien gouvernement de cette monarchie jusqu'à Hugues Capet, par le comte de Boulainvilliers. *Londres, T. Wood,* 1737, in-12, 6 vol., bas.

1308. Statistique élémentaire de la France, par Peuchet. *Paris, Gilbert,* 1805, in-8, d.-rel. — Description topographique et statistique de la France, par Peuchet et Chanlaire. *Paris, Chanlaire,* 1810. Gr. in-4, br. en cart. *Tome* 1er. — Analyse de la statistique générale de la France, par Deferrières. *Paris,* an XII, in-8, br. en cart. (Départemens de la Moselle, de l'Indre, des Deux-Sèvres, de Rhin-et-Moselle, de la Lys et du Doubs.)

1309. Statistique de la France. *Paris, Impr. des Sourds-Muets,* an x, in-8, 6 vol., d.-rel.

1310. Statistiques des départemens des Deux-Sèvres, par Dupin ; du Doubs, par J. Debry ; de l'Indre, par Dalphonse ; de la Lys, par C. Viry ; de la Meurthe, par Marquis ; de la Moselle, par Colchen ; du Rhin-et-Moselle, par Boucqueau. *Paris, Impr. de la Républ. et I. I.*, an XI à l'an XIII, in-fol., 7 vol., d.-rel.

1311. Statistique des routes royales de France (publiée par l'Administration des ponts et chaussées). *Paris, I. R.*, 1824, in-4, br. rogné.

1312. Histoire physique, civile et morale de Paris, depuis les premiers temps historiques jusqu'à nos jours, par Dulaure. *Paris, Guillaume,* 1821-1825, in-8, fig., 8 vol., d.-rel., dos de v. vert.

1313. Description historique de l'Hôtel royal des Invalides, par l'ab. Pérau. *Paris, G. Desprez,* 1756, gr. in-fol., fig. de Cochin, v. m. allem., fil., tr. dor.

1314. Tableau de Paris (par Mercier). *Amst. (Paris),* 1783-1788, in-8, 12 tom. en 6 vol., d.-rel.

1315. Promenade philosophique au cimetière du P. La Chaise, par M. Viennet. *Paris, Ponthieu,* 1824, in-8, br.

1316. Recherches statistiques sur la ville de Paris et le département de la Seine, recueil de tableaux dressés d'après les ordres de M. le comte de Chabrol. *Paris, I. R.*, 1823 et 1826, in-4, 2 vol., br.

1317. Recherches historiques sur la Bretagne, par M. Delaporte. *Rennes, Vatar,* 1819, in-8, 2 vol., br.

1318. Histoire de Bretagne, par M. Daru. *Paris, F. Didot,* 1826, in-8, 3 vol., br.

1319. Histoire des rois et des ducs de Bretagne, par M. de Roujoux. *Paris, Ladvocat,* 1828, in-8. *Tomes* 1 et 2, br.

1320. Histoire des ducs de Bourgogne de la Maison de Valois, par M. de Barante. *Paris, Ladvocat,* 1824-26, in-8, 13 vol., d. rel., dos de v. bl., fil.

1321. Essais historiques et littéraires sur la ci-devant province du Maine, par P. Renouard. *Au Mans, Fleuriot,* 1811, in-12, 2 vol., br.

1322. Antiquités de la ville de Saintes, et du départem. de la Charente-Inférieure, par le baron Chaudruc de Crazannes. *Paris,* 1820, in-4, pl., br.

1323. Essai historique sur les états-généraux de la province de Languedoc, par M. Trouvé. *Paris, F. Didot, 1818*, in-4, fig., 2 vol., br.

1324. Procès-verbal de l'assemblée des états-généraux de la province de Languedoc. *Montp., J. Martel aîné, 1786*, in-fol., br.

1325. Histoire du canal de Languedoc. *Paris, Déterville, 1805*, in-8, d.-rel.

1326. Topographie médicale de la ville de Montpellier, par Murat (de la Dordogne). *Montpellier, Renaud, 1810*, in-8, pap. vél., v. rac., dent., tr. dor.

1327. Essais historiques sur le Béarn, par M. Faget de Baure. *Paris, Denugon, 1818*, in-8, v. rac., dent., tr. dor.

1328. Almanach royal de 1766, 1784, 1788, de l'an v, de l'an viii à l'an xiii, de 1806 à 1813, 1816, 1821 et 1824, tout rel.

A la suite de ce n°. on vendra environ 80 vol. in 4, in-8 et in-12, d'Annuaires et de Statistiques des diverses villes et départemens.

§ IV. *Histoire politique.*

1329. Les Origines de l'ancien gouvernement de la France, de l'Allemagne et de l'Italie (par du Buat). *La Haye, 1757*, in-12, 4 vol., v. f.

1330. Variations de la monarchie françoise, ou Histoire du gouvernement de France depuis Clovis jusqu'à la mort de Louis XIV, par Gautier de Sibert. *Paris, Saillant, 1765*, in-12, 4 vol., v. éc., fil.

1331. Les Recherches de la France, d'Est. Pasquier. *Paris, J. Petitpas, 1621*, in-fol., v. m.

1332. La France législative, ministérielle, judiciaire et administrative, sous les quatre dynasties, par M. V***. *Paris, P. Didot, 1813*, in-18, 4 vol., d.-rel.

1333. Considérations sur l'autorité royale et sur les administrations locales, par M. d'Aubuisson de Voisins. *Paris, Ponthieu, 1825*, in-8, br. — Histoire des communes de France et Législation municipale, depuis la fin du xi°. siècle jusqu'à nos jours, par Dufey. *Paris, Gœury, 1828*, in-8, br.

1334. Histoire du Droit municipal en France, sous la

domination romaine et sous les trois dynasties, par
M. Raynouard. *Paris, Sautelet,* 1829, in-8, pap. vél.,
2 vol., dos de v. f.

1335. De l'Autorité judiciaire en France, par Henrion de
Pansey. *Paris, Th. Barrois,* 1827, in-8, pap. vél.,
2 vol., br.

1336. Le Cérémonial françois, contenant les cérémonies
observées en France aux mariages, festins, naissances
des roys, par Théod. Godefroy ; mis en lumière par
Denis Godefroy. *Paris, Cramoisy,* 1649, in-fol., 2 vol.,
v. br.

1337. Formulaire pour les lettres du Roy aux Princes
et autres, dans les pays étrangers. Gr. in-4, réglé, v. m.,
fil., tr. dor. *Aux armes du C. de Hoym. Ms.*

1338. Mémoires, Actes et Lettres touchant le domaine du
Roy et l'aliénation d'icelui. Ordonnances anciennes et
Actes concernant quelques subventions, et levées ex-
traordinaires faites par les rois de France. Mémoires et
Instructions pour les finances. In-fol., v. m. *Ms.*

Copie d'un des vol. de la Collection des manuscrits de Brienne, ministre d'état sous Henri IV. Ce volume contient des pièces très curieuses, tant sur les domaines de la couronne que sur la convocation
des États en France, et sur l'origine des Parlemens. Il est terminé
par un état général des finances dressé en 1577.

1339. État du domaine du Roy (Louis XV), contenant
les duchez, comtez, baronies qui en dépendent, ensemble plusieurs autres droits, leurs anciennes érections
et titres... In-fol., v. m. *Ms.*

1340. Essai sur les apanages, ou Mémoire historique de
leur établissement, avec les preuves (par L.-Fr. du
Vaucel). *Sans date, ni nom de ville et d'imprimeur,*
2 tom. en 1 vol., in-4, v. m., fil.

Rare, ayant été tiré à très petit nombre.

1341. Table alphabétique des matières principales tirées
des traités faits entre les roys de France et les roys
d'Espagne, d'Arragon et ducs de Bourgongne, dressée
pour les ambassadeurs au traité de Munster. In-fol.,
v. br. *Ms.*

1342. Du Conseil du Roi. Des Personnes desquelles les
roys ont composé leur conseil, et qui ont eu entrée,

séance et voix en iceluy, par d'Ormesson. In-fol., v. f. *Ms*.

1343. Histoire des ministres d'estat qui ont servi sous les rois de France de la troisième lignée (par d'Auteuil). *Paris, de Sommaville,* 1642, in-fol., v. f., fil.

1344. Histoire des secrétaires d'estat, par Fauvelet-du-Toc. *Paris, Ch. de Sercy,* 1668, gr. in-4, br.

1345. Histoire chronologique de la grande chancellerie de France, par Abr. Tessereau. *Paris, P. Emery,* 1710 et 1706, in-fol., 2 vol., v. br.

1346. Extraits des registres du Conseil, ou Registres secrets du Parlement de Paris, de 1407 à 1414, de 1458 à 1462, de 1495 à 1627, 28 vol. — Registres secrets du même Parlement pendant sa translation à Tours et à Châlons, du 27 mai 1589 jusqu'en 1594, 2 vol. — Remonstrances contre les concordats, avec la réponse du chancelier Duprat, 1515, 1 vol. — Procès du chancelier Poyet, 1 vol. Les 32 vol. in-fol. manuscrits, dans leur ancienne reliûre en v. fil., tr. dor. *Un vol. gâté, le surplus intact.* — Autre vol. aussi ms., du même temps, et en semblable reliûre, sur l'origine et les droits des ducs et pairs de France.

Collection fort curieuse pour l'histoire.

1347. Les Présidens au mortier du Parlement de Paris, par Fr. Blanchard, 1637. = Les Éloges de tous les premiers présidens du Parlement de Paris. Ensemble leurs généalogies, épitaphes. Par J.-B. de l'Hermite-Souliers. *Paris, C. Besongne,* 1645, in-fol., v. br.

1348. Les Éloges de tous les premiers présidens du Parlement de Paris...., par J.-B. de l'Hermite-Souliers. *Paris, C. Besongne,* 1645, in-fol., fig., v. br.

1349. Des Assemblées nationales en France, depuis l'établissement de la monarchie jusqu'en 1614; par Henrion de Panséy. *Paris, Th. Barrois,* 1826, in-8, d.-rel., dos de v. f. ant., à nerfs.

1350. Le même, jusqu'en 1814. *Paris, Th. Barrois,* 1829, in-8, 2 vol., br.

1351. Des États-Généraux, et autres assemblées nationales (par de Mayer). *Paris, Buisson,* 1788 et 1789, in-8, 18 vol., bas. j.

1352. Chronologie des Estats-Généraux, par J. Savaron. *Caen, Le Roy,* 1788, in-8, d.-rel. — Aperçu historique sur la cause et la tenue des États-Généraux. = Journal de ce qui s'est passé aux États-Généraux de 1614. = Considérations, Recherches et Observations sur les États-Généraux, 1789, in-8, d.-rel.

1353. Histoire des États-Généraux, par Fréret. In-4, v. m., fil. *Ms.*

1354. Estats-Généraux de 1355. Pet. in-fol., goth., v. br., à compart. Reliûre ancienne.

Ms. du temps, avec des lettres initiales en or et en couleur.

1355. Estats-Généraux tenus à Fontainebleau sous le règne de François II, et à Orléans sous Charles IX, en 1560. In-fol., v. f. *Ms.*

1356. Journal de Louis de Gonzague, duc de Nevers, fait durant les premiers Estats-Généraux tenus à Blois, en 1576. In-fol., v. f. *Ms.*

1357. Recueil très exact et curieux de tout ce qui s'est fait et passé en l'assemblée générale des Estats tenus à Paris en 1614, par Florimond Rapine. *Paris*, 1651, in-4, v. br.

1358. Procès-verbal de la Chambre de la noblesse, tenue à Paris durant les Estats-Généraux de 1615, rédigé par Raymond de Montcarsin. In-fol., v. f. *Ms.*

1359. Essai sur la constitution et les fonctions des assemblées provinciales, 1788. In-8, 2 vol., v. f., fil. — Procès-verbal de l'assemblée des notables tenue à Versailles, en 1788. *Paris*, 1789, in-4, br.

1360. Collection des Procès-verbaux des diverses assemblées nationales, tenues en France depuis 1789 jusqu'en 1828, ainsi composée :

Première assemblée (constituante), depuis le 5 mai 1789 jusqu'au 30 septembre 1791,   75 vol.

Assemblée législative, depuis le 1er. octobre 1791 jusqu'au 20 septembre 1792, d.-rel.,   16 vol.

Convention nationale, depuis le 20 septembre 1792 jusqu'au 4 brumaire an IV, 72 tom. en   36 vol.

Corps législatif. Conseil des Cinq-Cents, depuis le 6 brumaire an IV, jusqu'au 18 brumaire an VIII,   50 vol.

—————— Conseil des Anciens, depuis le 6 brumaire an IV jusqu'au 19 brumaire an VIII, 50 tom. en   25 vol.

Tribunat, depuis le 11 nivose an VIII jusqu'au 29 floréal an XII,   15 vol.

—————— Vendémiaire et nivose an XIV, janvier 1806, br.,   1 vol.

Corps législatif, de l'an VIII à 1810, d.-rel.,   25 vol.

—————— 1813, même rel.,   2 vol.

Procès-verbaux et Actes du Sénat, de l'an VIII à 1814,   5 vol.

Corps législatif et Chambre des Députés de 1814,   3 vol.

Chambre des Pairs, session de 1814,   5 vol.

—— Séances des 100 jours, et Discours,   1 vol.
Chambre des Députés, de 1815 jusques et compris 1828,   48 vol.
Chambre des Pairs, de 1815 jusques et compris 1828,   37 vol.
Total : 425 tom. en 364 vol., in-8 ; le vol. du Tribunat broché, le surplus
  en demi-rel.
Table des procès-verbaux des Assemblées constituante et législative, et
  des Conseils des Anciens et des Cinq-Cents, de l'an IV et de l'an V,
  jusqu'à la 16e. législature; et Tables de la 21e. législature, in-8,
  18 vol. br., et 11 vol. en d.-rel.

1361. Discours prononcés au Corps législatif et à la
  Chambre des Députés, et impressions diverses de la
  Chambre, depuis l'an VIII jusques et compris la session de 1828, 107 vol. in-8, d.-rel. — Impressions
  diverses de la Chambre des Pairs des sessions de 1815 à
  1828, 64 vol., in-8, d.-rel. Procès de Louvel, de la
  Session de 1819, et Affaire du 19 août 1820, 3 vol.,
  in-8, et 4 vol. in-4, d.-rel.

  Il sera vendu, à la suite de ce n°., nombre de Rapports, Budgets,
    Comptes, Analyses de votes des Conseils généraux, dont il sera fait
    plusieurs lots.

1362. Choix de rapports, opinions et discours prononcés
  à la tribune nationale (de 1789 à 1815), recueillis dans
  un ordre chronologique et historique. = Le même
  (session de 1819). *Paris, A. Eymery,* 1818-22, in-8,
  21 vol., br.

1363. Collection des principaux discours et choix de rapports et opinions prononcés à la Chambre des Pairs et
  à la Chambre des députés, recueillis dans un ordre chronologique, par M. Cadiot (sessions de 1815, 1816 et
  1827). *Paris, M. Cadiot,* 1827, in-18, 9 tomes en
  7 vol., br.

1364. Constitution de la république françoise, proposée au
  peuple françois par la convention nationale. In-fol., rel.
  en velours bleu, chargé d'une riche broderie d'or et d'argent en bosses, au milieu de laquelle est le chiffre de la
  républ. françoise. *Manuscrit.*

  Ce vol. est celui sur lequel les hauts fonctionnaires de ce temps juraient
    fidélité à la Constitution.

1365. Recueil des lettres-circulaires, instructions et autres
  actes publics, émanés de François (de Neufchâteau),
  Quinette, Laplace, Lucien Bonaparte et Chaptal, ministres de l'intérieur. *Paris,* 1799-1802, in-4, 3 vol.,
  d.-rel.

1366. Circulaires, instructions et autres actes émanés du

ministère de l'intérieur, ou relatifs à ce département, de 1797 à 1821. *Paris, I. R.*, 1821-24, gr. in-8, 4 vol., v. rac.

1367. Tableau analytique de la diplomatie française, depuis la minorité de Louis XIII jusqu'à la paix d'Amiens, par M. F. Bayard. *Paris, Prault,* an XIII, in-8, 2 vol., d.-rel.

1368. Mémoires sur la réformation de la police de France (sous Louis XV). In-fol., max., mar. v., riche dent., doubl. et garde de tab., tr. dor. *Aux armes du roi.*

> Ms. d'une très belle exécution, avec tableaux, plans, vignettes et culs-de-lampe. En tête, un frontispice allégorique dessiné par Saint-Aubin.

1369. Du Gouvernement, des mœurs et des conditions en France avant la révolution, par Sénac de Meilhan. *Paris, Maradan,* 1814, in-8, d.-rel.

1370. De l'état de la France à la fin de l'an VIII (par M. d'Hauterive). *Paris, Henrics,* 1800, in-8, gr. pap. vél., cart. à la Bradel.

1371. Exposés de la situation de l'empire français, par divers ministres de l'intérieur, de 1806 à 1815. In-4, cart. à la Bradel. — Exposé de la situation de l'empire, présenté en 1813, par M. de Montalivet. *Paris, I. I.,* 1813, in-4, pap. vél., v. f., fil., tr. dor.

1372. De M. Guizot : Du gouvernement de la France depuis la restauration, et du ministère actuel. 1820. = Des conspirations et de la justice politique. 1821. = Discours prononcé pour l'ouverture du cours d'histoire moderne. 1820, in-8, d.-rel. — Des moyens de gouvernement et d'opposition dans l'état actuel de la France. 1821. = De la peine de mort, en matière politique, par le même. 1822, in-8, pap. vél., d.-rel.

1373. Mémoire à consulter sur un système religieux et politique, par M. de Montlosier. *Paris, Dupont,* 1826, in-8, cart. à la Bradel.

1374. De la situation du clergé, de la magistrature, et du ministère, à l'ouverture de la session de 1827, par M. Cottu. *Paris,* 1826, in-8, br. — Des moyens de mettre la charte en harmonie avec la royauté, par le même. *Paris,* 1828, in-8, br.

1375. Traité historique des monnoyes de France, aug-

menté d'une dissertation historique sur quelques monnoyes de Charlemagne, de Louis-le-Débonnaire, etc.,
frappées dans Rome, par Le Blanc. *Amst., P. Mortier,*
1692, in-4, fig., v. m,

1376. Histoire générale des finances de la France, depuis
le commencement de la monarchie, par M. Arnould.
Paris, Rondonneau, 1806, gr. in-4, d.-rel., dos de v.
viol.

1377. Recherches et considérations sur les finances de
France, de 1595 à 1721 (par Forbonnais). *Basle, Cra-
mer,* 1758, in-4, 2 vol., d.-rel.

1378. Recueil de matières de finance pour l'instruction
du roi, par M. D. C. (Chandé). 1722, in-4, v. dent. *Ms.*

1379. Histoire du système des finances sous la minorité de
Louis XV, en 1719 et 1720 (par de Hautchamps.) *La
Haye, P. de Hondt*, 1739, in-12, 6 vol., v. m.

1380. Histoire générale et particulière des finances, où l'on
voit l'origine, l'établissement, la perception et la régie
de toutes les impositions, par Du Fréne de Francheville.
Paris, De Bure l'aîné, 1738, in-4, 3 vol., v. m.

1381. Mémoires pour servir à l'histoire du droit public de
la France en matières d'impôt, depuis 1756 jusqu'en
1775 (par Auger). *Bruxelles (Paris)*, 1779, in-4,
v. m.

1382. Mémoire et propositions sur la comptabilité générale des finances du royaume, suivis d'un modèle de
compte général, par M. Godard. *Paris, F. Didot*, 1821,
gr. in-4, br.

1383. Mémoires généraux et particuliers, présentez au
Conseil royal de commerce par les députés, au sujet de
l'estat présent du commerce. In-fol., v. m. *Ms. du siècle
dernier.*

1384. Réflexions sur la richesse future de la France, et
sur la direction qu'il convient de donner à la prospérité
du royaume, par le vicomte d'Harcourt. *Paris, Trouvé*,
1826, in-8, br.

1385. De l'industrie françoise, par le comte Chaptal.
Paris, Renouard, 1819, in-8, 2 vol., d.-rel.

1386. Forces productives et commerciales de la France,
par M. Ch. Dupin. *Paris, Bachelier*, 1827, in-4, 2 vol.,
d.-rel., dos de v. f. ant.

VII. *Histoire d'Italie.*

1387. Della Historia d'Italia, di Fr. Guicciardini, Libri XX. *Venetia, G. Ant. Bertano,* 1580, pet. in-4, v. br., fil., tr. dor.

1388. Histoire des guerres d'Italie, trad. de l'ital. de Fr. Guichardin (par Favre). *Londres (Paris),* 1738, in-4, 3 vol., v. m.

1389. Lettres historiques et critiques sur l'Italie, de Ch. de Brosses, avec des notes. *Paris, Ponthieu,* an VII, in-8, 3 vol., d.-rel.

1390. Notes sur la Suisse et l'Italie, par L. F. de Tolle-nare. (Extrait du Lycée armoricain). *Nantes, Mellinet-Malassis,* 1826, in-8, pap. vél., bas. rac.

1391. Statistique des provinces de Savone, d'Oneille, d'Acqui, et de la partie de la province de Mondovi, formant l'ancien département de Montenotte, par M. de Chabrol de Volvic. *Paris, J. Didot,* 1824, in-4, fig., 2 vol., br.

1392. Historia Vinetiana di P. Paruta. *Venetia, D. Nico-lini,* 1605, in-4, 2 part. en 1 vol., parch. — Relatione della Republica venetiana di Giov. Botero. *Venetia, G. Varisco,* 1608, pet. in-8, rel. en cart.

1393. Relatione della Republica di Venetia fatta alla M. Re Filippo III di Spagna, per il suo ambass. Don D. Alfonso dalla Caeva, residente ordinario in Ve-netia l'anno 1629. In-fol., d.-rel. *Ms. du temps.*

1394. Histoire de la République de Venise, depuis sa fon-dation, par L*** (Laugier). *Paris, Duchesne,* 1759-68, in-12, 12 vol., bas. rac.

1395. Mémoires historiques et politiques sur la Répu-blique de Venise, rédigés, en 1792, par L. Curti. *Paris, Ch. Pougens,* 1802, in-8, 2 vol., d.-rel.

1396. Histoire de la République de Venise, par M. Daru. *Paris, F. Didot,* 1819, in-8, 7 vol., cart. à la Bra.

1397. Un second exemplaire.

1398. La même, 2e. édition. *Paris, F. Didot,* 1821, in-8, 8 vol., br.

1399. La même, de même édition. Gr. in-8, pap. vél., 8 vol., br.

400. La même, 3ᵉ. édition. *Paris, F. Didot*, 1826, in-18, gr.-rais., 8 vol., br.

401. Discorsi sulla storia Veneta cioè Rettificazioni di alcuni equivoci riscontiati nella storia di Venezia del Sig. Daru, del C. Dom. Tiepolo. *Udine, fratelli Mattiuzzi*, 1828, in-12, 2 vol., br.

402. Nuova guida per Venezia, con XLV oggetti di arti incisi e un compendio della istoria veneziana, di G. Ant. Moschini. *Venezia*, 1828, in-12, br., rogné.

403. Memorie storiche de' Veneti, primi e secondi del conte G. Filiasi. *Venezia, Fenzo*, 1796-1798, in-8, 8 tom. en 5 vol., v. gr., dent., tr. dor.

404. Ricerche storico-critiche sull' opportunità della Laguna Veneta pel commercio sull' arti, e sulla marina di questo stato. *Venezia, G. Ant. Curti*, 1803, gr. in-8, v. gr., dent.

405. Sulla origine, ingradimento e decadenza del commercio di Venezia. Memoria dal L. Casarini. *Venezia, Picotti*, 1823, gr. in-8, pap. vél., mar. r., dent., tr. dor.

406. Le Vicende di Milano durante la guerra con Federigo I, con note, e la topografia della stessa città (da Monaci cisterciesi congregat. di Lombardia). *Milano, Ant. Agnelli*, 1778, in-4, br.

407. Ragionamento storico intorno alla città di Bergamo del conte Ant. Moroni. *Bergamo, Vinc. Antoine*, 1791, gr. in-4, br. en cart.

408. Della felicità di Padova di Ang. Portenari, Libri IX. *Padova, P.-P. Tozzi*, 1623, in-fol., fig., parch. — Le Origini di Padova, di Lor. Pignoria. *In Padova, P.-P. Tozzi*, 1625, in-4, fig., parch. *Mouillé.*

409. Le Storie fiorentine di Nic. Machiavelli, publicate da A. Buttura. *Parigi, fratelli Bossange*, 1825, in-32, 3 vol., d.-rel., dos de veau bl.

410. Les Anecdotes de Florence, ou l'Histoire secrète de la Maison de Médicis. In-4, 5 tom. en 3 vol., parch., non rognés. *Ms.*

411. Governo della Toscana sotto il regno di S. M. Leopoldo II. *Firenze, G. Cambiagi*, 1790, gr. in-4, d.-rel.

412. Conto dell' amministrazione delle finanze del regno d'Italia (de 1809 à 1811). *Milano, della Stamperia*

Reale, 1810 à 1812, in-fol., pap. vél., mar. r., dent.,
tr. dor.

1413. Chronica de le Vite de Pontefici et imperadori romani, composta per Fr. Petrarcha. *In Vinegia*, *M. Sessa*, 1534, pet. in-8, v. br. à compart., tr. dor.

1414. Il Mercato, il Lago dell' Acqua Vergine ed il Palazzo Panfiliano nel Circo Agonale detto Piazza Navona, descritti da Fr. Cancellieri, con un Trattato sopra gli obelischi. *Roma, Fr. Bourlié*, 1811, in-4, fig., d.-rel., dos et coins de mar. v.

1415. Chronica de iis omnibus quæ in regno Siciliæ gesta sunt, vel ubique per orbem à tempore mortis Guglielmi II Regis usque ad tempora Frederici II Romanorum imperatoris...., registrata per notarium Richardum de Sancto Germano. In-fol., parch.

Ms. du xviie. siècle, exécuté en Italie.

1416. Le duc de Guise à Naples, ou Mémoires sur les révolutions de ce royaume en 1647 et 1648. *Paris, Ladvocat*, 1825, in-8, d.-rel.

1417. Mémoires historiques, politiques et littéraires sur le royaume de Naples, par le comte Orloff, publiés avec des notes et des additions, par M. Amaury-Duval. *Paris, Chassériau*, 1819-21, in-8, 5 vol., d.-rel., dos de v.

VIII. *Histoire d'Espagne et de Portugal, Histoire des Pays-Bas.*

1418. Histoire d'Espagne, depuis la découverte qui en a été faite par les Phéniciens, jusqu'à la mort de Charles VII, trad. de l'angl. d'Adam par P.-C. Briand. *Paris, L. Collin*, 1808, in-8, 4 vol., v. rac.

1419. Histoire d'Espagne, depuis la plus ancienne époque jusqu'à la fin de 1809, par John Bigland, trad. de l'angl. et continuée jusqu'à l'époque de 1814, revue et corrigée par M. Math. Dumas. *Paris, F. Didot*, 1823, in-8, 3 vol., d.-rel., pap. v., rac.

1420. L'Histoire du règne de Charles-Quint, trad. par d

Robertson, trad. de l'angl. (par Suard). *Paris, Saillant*, 1771, in-12, 6 vol., v. m.

1422. Le même. *Paris, Janet et Cotelle*, 1817, in-8, 4 vol., bas. rac., fil.

1423. Mémoires secrets sur l'établissement de la Maison de Bourbon en Espagne, extraits de la correspondance du marquis de Louville. *Paris, Maradan*, 1818, in-8, 2 vol., d.-rel., dos de v. f.

1424. Tableau de l'Espagne moderne, par J.-Fr. Bourgoing. *Paris, Tourneisen fils*, 1807, in-8, 3 vol. et atlas in-4, v. rac.

1425. L'Administration de Séb.-Jos. de Carvalho et Mélo, marquis de Pombal. *Amst.*, 1786, in-8, 4 tom. en 2 vol., d.-rel.

1426. Histoire générale des Pais-Bas, contenant la description des XVII provinces. *Brusselles, V*ᵉ. *Foppens*, 1743, pet. in-8, fig., 4 vol., v. m. (Manque le titre au tome 1ᵉʳ.)

1427. Abrégé chronolog. de l'Histoire de Flandre, par A.-J. Panckoucke. *Dunkerque, J.-L. de Boubers*, 1762, pet. in-8, v. m.

1428. Cronique de Flandres anciennement composée par auteur incertain, et mise en lumière par D. Sauvage de Fontenailles ; et les Mémoires de Messire Olivier de la Marche, publiés par le même. *Lyon, Rouille*, 1562, in-fol., v. f.

1429. Histoire de la Guerre de Flandres, trad. du latin de Strada, par Du-Ryer. *Paris, Courbé*, 1651 et 1654, in-fol., 2 vol., v. br., fil.

1430. La même. *Bruxelles, Jos. r'Serstevens*, 1712, pet. in-8, fig., 3 vol., v. br.

1431. Histoire des guerres de Flandre, par le card. Bentivoglio, trad. de l'italien par Loiseau l'aîné. *Paris, Desaint*, 1769, in-12, 4 vol., v. m.

1432. Delle guerre di Fiandra Libri VI di Pompeo Giustiniano. Posti in luce da G. Gamurini. *Anversa, Joach. Trognesio*, 1609, in-4, fig., parch.

1433. Histoire du soulèvement des Pays-Bas sous Philippe II, roi d'Espagne, trad. de l'allem. de F. Schiller, par M. de Châteaugiron. *Paris, A. Sautelet*, 1827, in-8, pap. vél., 2 vol., d.-rel.

1434. Tableau historique et politique de la réunion des

XVII provinces des Pays-Bas. In-fol., v. m., fil., tr. dor. *Ms.*

1435. Histoire des Provinces-Unies des Pays-Bas, depuis la naissance de la République jusqu'à la paix d'Utrecht, avec les principales médailles et leur explication, par le Clerc. *Amst., Châtelain,* 1737 et 1738, gr. in-fol., fig., 4 part. en 2 vol., v. m.

1436. Annales et Histoire des troubles du Pays-Bas, par H. Grotius, trad. en franç. *Amst., Blaeu,* 1662, pet. in-fol., v. br.

1437. Annales des Provinces-Unies, par Basnage. *La Haye, Le Vier,* 1719 et 1726, in-fol., 2 vol., v. br.

1438. Histoire des Provinces-Unies, des Païs-Bas, par de Wicquefort. *La Haye, T. Johnson,* 1719 et 1743, in-fol., 3 part. en 2 vol., d.-rel.

1439. Histoire métallique des XVII provinces des Pays-Bas, depuis l'abdication de Charles V jusqu'à la paix de Bade en 1716, trad. du holl. de Ger. Van Loon. *La Haye, P. Gosse,* 1732-1737, in-fol., 5 vol., bas. m. allem.

1440. Histoire générale des Provinces-Unies (par Dujardin et Sellius). *Paris, Simon,* 1757-1770, in-4, gr. pap., fig., 8 vol., v. gr., fil.

1441. Tableau de l'Histoire générale des Provinces-Unies (par Cerisiers). *Utrecht,* 1777-1784, in-12, 10 vol., d.-rel.

1442. Abrégé de l'Histoire de la Hollande et des Provinces-Unies, depuis les temps les plus anciens, par L.-G.-F. Kerroux. *Leide, Murray,* 1778, in-4, 2 tom. en 1 vol., v. m.

1443. Un second exemplaire, en 2 vol., cart. à la Bradel.

1444. Histoire de la république des Provinces-Unies des Païs-Bas, jusqu'à la mort de Guillaume III. *La Haye, Van Millinge,* 1704, in-12, 4 vol., bas.

1445. L'Histoire de l'archiduc Albert. *Cologne, les hérit. de Corn. Egmond,* 1693, in-12, v. f., fil. — Mémoires pour servir à l'Histoire de la république des Provinces-Unies des Pays-Bas, contenant les vies des princes d'Orange, de Barneveld, etc., par Aubry du Mouriez. *Londres,* 1754, pet. in-12, 2 vol., v. j.

1446. Vies des gouverneurs généraux, avec l'Abrégé des établissemens hollandois aux Indes orientales, par

J.-P.-I. Du Bois. *La Haye, P. de Hondt,* 1763, in-4, gr. pap., cart. et fig., v. f., fil.

1447. Histoire abrégée des provinces des Païs-Bas, où l'on voit leur gouvernement et celui de leurs compagnies en Orient et en Occident. *Amst., J. Malherbe,* 1701, in-fol., fig., v. br.

1448. Histoire abrégée de la réformation des Païs-Bas, trad. du holl. de Brand. *La Haye, P. Gosse,* 1726, in-12, 3 vol., v. br.

1449. La Grande chronique ancienne et moderne de Hollande, Zélande, Westfrise, recueillie par J.-Fr. Le Petit. *Dordrecht, G. Guillemot,* 1601, in-fol., 2 vol., v. br.

1450. Histoire de Hollande, depuis la trève de 1609, par de la Neuville (Baillet). *Paris,* 1698, in-12, 4 vol., v. br.

1451. Tableau de l'Histoire des princes et principauté d'Orange, par de la Pise. *La Haye, Maire,* 1639, in-fol., fig., vél.

1452. Histoire de la vie et des actes mémorables de Fréd.-Henr. de Nassau, prince d'Orange, par J. Commelyn. *Amst., V^e. Janssonius,* 1656, in-fol., fig., 2 vol., v. br.

1453. Histoire de la vie et de la mort des deux frères Corn. et J. de Witt. *Utrecht, G. Broedelet,* 1709, in-12, fig., 2 vol., v. br.—Lettres et négociations entre J. de Witt et les plénipotentiaires des Provinces-Unies des Païs-Bas, de 1652 à 1669, trad. du holl. *Amst.,* 1725, in-12, 4 vol., v. m.

1454. Histoire métallique de la république de Hollande, par Bizot. *Paris, Dan. Horthemels,* 1687, in-fol., v. f., fil.

1455. La Cour de Hollande sous Louis Bonaparte, par un Auditeur (H. Garnier). *Paris, Persan,* 1823, in-8, d.-rel., dos de v. violet.

1456. Le Grand Trésor historique et politique du florissant commerce des Hollandois dans tous les estats et empires du monde. *Paris, Fournier,* 1714, in-12, v. br.—Mémoires sur le commerce des Hollandois dans tous les états et empires du monde, trad. du holl. *Amst., Villard,* 1718, in-8, v. br.—La Richesse de la Hollande. *Londres,* 1778, in-8, 2 vol., d.-rel.

1457. Histoire des pêches, des découvertes et des établissemens des Hollandois dans les mers du Nord, trad. du
holl. (de Walvisch), avec notes, par Bernard de Reste.
Paris, V^e. Nyon, an ix, in-8, fig., 3 vol., d.-rel.

IX. *Histoire de Suisse, d'Allemagne et des Pays du nord.*

1458. Histoire des Suisses, trad. de l'allem. de J. Muller.
Lausanne, J. Mourer, 1795-1797, in-8, tom. 1 à 9 en
6 vol. , d.-rel.

1459. Histoire de la révolution helvétique, de 1797 à
1803, par M. Raoul Rochette. *Paris, Nepveu,* 1823,
gr. in-8. cart. à la Bradel.

1460. Stastistique élémentaire, ou Essai sur l'état géographique, physique et politique de la Suisse, par Durand.
Lausanne, Durand, 1795, in-8, 4 tom. en 2 vol., d.-rel.

1461. Histoire de l'empire d'Allemagne, et principalement
de ses révolutions, depuis son établissement par Charlemagne jusqu'à nos jours (par Fréron). *Paris, Hérissant,*
1771, in-12, 8 vol., bas. rac.

1462. Histoire d'Allemagne. Pet. in-4, 2 vol., parch. *Ms.*

1463. Tableau de l'histoire d'Allemagne. 3 vol. pet. in-4,
mar. v., tr. dor. *Ms. moderne.*

1464. Tableau statistique des principaux états de l'Europe,
par Hassel. 1re. partie. Europe centrale. *Brunswig,
Vieweg,* 1805, in-fol., pap. fort, bas. rac.

1465. Aperçu statistique des états de l'Allemagne, par
J.-Dan. Hoeck, trad. de l'allem. et publié par Ad. Du-
quesnoy. *Paris, Impr. de la Républ.,* an ix, gr. in-fol.,
d.-rel., dos de mar. vert.

1466. Mémoires statistiques sur les états autrichiens. In-fol.,
d.-rel. *Ms. de diverses écritures.*

1467. Tableau statistique des possessions de la maison
d'Autriche au 1er. janvier 1809 , indiquant les produc-
tions végétales, animales, minérales, de l'industrie, des
manufactures...., appuyé de notes, de renseignemens
et d'observations sur les puissances limitrophes de
chacune des puissances de la maison d'Autriche, etc.

Ms. de la plus grande netteté, collé sur toile et plié en forme de carte
géographique. Hauteur, 5 pieds 3 pouces ; largeur, 10 pieds 7 pouces.

1468. L'Autriche, ou Mœurs, usages et costumes des habitans de cet empire, suivis d'un voyage en Bavière et au Tyrol, par M. Marcel de Serres. *Paris, Nepveu,* 1821, in-18, fig., 6 vol., br.

1469. Tableau de la monarchie autrichienne (*en allem.*), par Demian, 1804. Pet. in-8, 6 vol., d.-rel.

1470. Tableau géographique et politique des royaumes de Hongrie, d'Esclavonie, de Croatie, et de la Grande principauté de Transilvanie, par Demian, trad. de l'allem., et publié par MM. Roth et Raymond. *Paris, S. l'Huillier,* 1809, in-8, cart., 2 vol., d.-rel., dos de v. violet.

1471. Statistique du royaume de Hongrie. *Tableau ms. sur peau de vélin.*

1472. Statistique de la province d'Erfurt, dressée par M. Devisme pour l'année 1811. *Erfurt, H. Knick,* in-fol., *en feuilles.*

1473. Commentarii de Bello Germanico, auctore J. C. S. *Parisiis, P. Didot,* 1806, in-8, v. rac. d'acaj., fil.

1474. Le Royaume de Westphalie, Jérôme Buonaparte, sa cour, etc., par un témoin oculaire. *Paris,* 1820, in-8, br.

1475. Mémoires statistiques sur la Prusse (*en allem.*), par Richter. *Berlin,* 1806, in-8, 2 vol., d.-rel.

1476. De la Monarchie prussienne sous Frédéric-le-Grand, par de Mirabeau. *Londres,* 1788, in-4, 4 vol. et atlas in-fol., d.-rel., dos de v. gris.

1477. Quelques traits de la vie privée de Frédéric-Guillaume II, roi de Prusse, par A. H. Dampmartin. *Paris, Renard,* 1811, in-8, d.-rel., non rogné. — Recueil de traits caractéristiques pour servir à l'Histoire de Frédéric-Guillaume III, et de plusieurs personnages marquans de sa cour, publié par M. W****. *Paris (Allemagne),* 1808, pet. in-8, br.

1478. Abrégé chronologique de l'histoire du Nord, par Lacombe. *Paris, J.-Th. Hérissant,* 1762, pet. in-8, 2 vol., v. m., fil.

1479. Histoire de Danemarc, par Mallet. *Lyon, P. Duplain,* 1766, in-12, bas. m. *Tomes* 1-6.

1480. Tableau des états danois, par J.-P. Catteau. *Paris, Treuttel et Würtz,* 1802, in-8, carte, 3 vol., d.-rel., dos de v. violet.

1481. Histoire de la dernière révolution de Suède, trad. de l'angl. de Ch. Shéridan. *Londres*, 1783, in-8, v. m. — Mémoires historiques, politiques et militaires du comte de Hordt, rédigés par Borelly. *Paris, F. Buisson,* 1805, in-8, 2 vol., d.-rel.

1482. Histoire de l'empire de Russie, par Karamsin, trad. par MM. St.-Thomas et Jauffret. *Paris, A. Belin,* 1819-1823, in-8, d.-rel. *Tomes* 1 *à* 9.

1483. Histoire de l'empire de Russie, sous Catherine II, et à la fin du xviiie. siècle, trad. de l'angl. de Tooke, par M. S.... *Paris, Maradan,* 1801, in-8, 6 vol., rel. à la Bradel.

1484. Histoire des Kosaques (par Lesur). *Paris (I. I.),* 1813, très gr. in-8, pap. fort, d.-rel.

     Vol. rare, imprimé pour épreuves.

X. *Histoire d'Angleterre.*

1485. Histoire d'Angleterre, trad. de l'angl. de Hume; les maisons de Plantagenet et de Tudor, par mad. Belot, et la maison de Stuart, par l'abbé Prevost. *Paris,* 1769-1788, in-12, 18 vol., bas. rac.

1486. Histoire de la conquête de l'Angleterre par les Normands, par M. A. Thierry. *Paris, F. Didot,* 1825, in-8, 3 vol., d.-rel., dos de v. violet.

1487. Histoire de Guillaume-le-Conquérant (par l'abbé Prevost). *Paris, Prault,* 1742, in-12, 4 vol., v. m.

1488. Histoire de la révolution d'Angleterre, depuis l'avénement de Charles Ier. jusqu'à la chute de Jacques II, par M. Guizot. (1re. partie.) *Paris, A. Leroux,* 1826 et 1827, in-8, br. *Tomes* 1 *et* 2.

1489. Io. Miltoni pro populo anglicano Defensio contrà Cl. anonymi, alias Salmasii defensionem regiam. *Londini, typis Du Gardianis,* 1651, pet. in-12, v. br.

1490. Histoire de Cromwel, d'après les mémoires du temps et les recueils parlementaires (avec des notes), par M. Villemain. *Paris, Maradan,* 1819, in-8, 2 vol., d.-rel.

1491. Essai sur la vie de T. Wentworth, comte de Strafford, et sur l'histoire générale d'Angleterre, d'Ecosse et d'Irlande à cette époque, par M. de Lally-Tolendal. *Paris, H. Nicolle*, 1814, in-8, d.-rel.

1492. Tableau politique des règnes de Charles II et de Jacques II, précédé de l'Essai sur les causes qui, en 1649, amenèrent en Angleterre l'établissement de la République. *Paris, Foulon*, 1818, in-8, 2 vol., d.-rel.

1493. Essai historique sur le règne de Charles II, par J. Berthevin. *Paris, Maradan*, 1819, gr. in-8, d.-rel.

1494. Histoire des deux derniers rois de la maison des Stuart, par Ch. J. Fox, trad. de l'angl. (par l'abbé d'Andrezel). *Paris, Giguet et Michaud*, 1809, in-8, 2 vol., v. rac.

1495. A history of the early part of the reign of James II; with an introductory chapter. By Ch. James Fox. *London, W. Miller*, 1808, gr. in-4, pap. vél., portrait, cuir de R., dent. à froid, fil., tr. dor. *Reliúre anglaise*.

1496. Tableau de la Grande-Bretagne, de l'Irlande et des possessions anglaises dans les IV parties du monde et supplément (par Baer). *Paris, Maradan*, 1802, in-8, 4 vol., d.-rel.

1497. Tableau de la Grande-Bretagne, de M. le maréchal de camp Pillet, avec un supplém., par M. Sarrazin. *Paris, P. Didot*, 1816, in-8, d.-rel.

1498. Lettres sur l'Angleterre, par A. de Staël-Holstein. *Paris, Treuttel et Würtz*, 1825, in-8, d.-rel.

1499. Etat de l'Angleterre au commencement de 1822, trad. de l'angl. par MM. P. A. D.... et J. G.... *Paris, J. L. Chanson*, 1822. = Système de l'administration britannique en 1822, par M. Ch. Dupin. *Paris, Bachelier*, 1823, in-8, d.-rel., dos de v. violet.

1500. Mémoires sur les travaux publics de l'Angleterre, par Dutens. *Paris, I. R.*, 1819, in-4, fig., br. en cart.

1501. Tableau de la constitution du royaume d'Angleterre, trad. de l'angl., de G. Custance. *Paris, Maradan*, 1817, in-8, d.-rel., dos de v. gaufré.

1502. Précis de l'histoire de la constitution d'Angleterre, depuis Henri VII jusqu'à Georges II, d'après Hallam, par A. R. Borghers. *Paris, Ponthieu*, 1828, in-8, d.-rel., dos de v. f.

1503. Histoire du Parlement d'Angleterre, par l'abbé Raynal, et Histoire du Stadhoudérat, depuis son origine, par le même. *La Haye*, 1748, in-12, 2 vol. v. m.

1504. De l'administration de la justice criminelle en Angleterre, et de l'esprit du Gouvernement anglais, par M. Cottu. *Paris, H. Nicolle,* 1820, in-8, br.

1505. Histoire des progrès de la puissance navale de l'Angleterre, par de Sainte-Croix. *Paris, De Bure,* 1786, in-12, 2 vol., bas. rac.

1506. Discussions importantes débattues au Parlement d'Angleterre par les plus célèbres orateurs, depuis 30 ans, trad. de l'angl. (par Lottin j⁰.). *Paris, Maradan,* 1790, in-8, 4 vol., bas. rac., fil.

1507. Histoire d'Ecosse sous Marie Stuart et Jacques VI, trad. de l'angl. de G. Robertson (par Basset de la Chapelle). *Londres,* 1764, in-12, 3 vol., v. m.

1508. La même, trad. par M. Campenon. *Paris, Janet et Cotelle,* 1821, in-8, 3 vol., d.-rel., dos de v. violet, ornem. en or, fers à froid.

XI. *Histoire des Turcs, des Peuples soumis à leur empire, et des autres Peuples d'Asie, Histoire d'Afrique et d'Amérique.*

1509. Bibliothèque orientale, ou Dictionnaire universel, contenant tout ce qui fait connaître les peuples de l'Orient, par d'Herbelot, revue par Desessarts. *Paris, Moutard,* 1781-1784, in-8, 6 vol., d.-rel.

1510. Memorie istoriche de' monarchi ottomani, di Giov. Sagredo. *Venetia, Combi,* 1688, in-4, bas.

1511. Lascaris, ou les Grecs du xvᵉ. siècle, suivi d'un Essai historique sur l'état des Grecs, depuis la conquête musulmane jusqu'à nos jours, par M. Villemain. *Paris, Ladvocat,* 1825, in-8, d.-rel., dos de v. gris.

1512. Histoire de la régénération de la Grèce, comprenant le Précis des événemens depuis 1740 jusqu'en 1824, par M. F.-C. Pouqueville. *Paris, F. Didot,* in-8, fig., 4 vol., d.-rel., dos de v. violet.

1513. Essai historique sur le commerce et la navigation de la mer Noire, par M. Anthoine. *Paris, Vᵉ. Agasse,* 1820, in-8, d.-rel.

1514. Histoire de Mahomet, contenant la description de

l'Arabie, celle des mœurs des Arabes, l'histoire ancienne du pays, etc. In-fol. réglé, v. f. *Ms. du siècle
dernier.*

1515. Histoire du mahométisme, comprenant la vie et le
caractère du prophète arabe, une relation des empires
fondés par les armes mahométanes...., trad. de l'angl.
de C. Mills par G. Buisson. *Paris, Dondey-Dupré*,
1826, in-8, br.

1516. La Perse, ou Tableau de l'histoire, du gouvernement, de la religion de cet empire, par Am. Jourdain.
Paris, Ferra, 1814, in-18, fig. color., 5 vol.; v.
porph., fil.

1517. Mémoires relatifs à l'expédition anglaise partie du
Bengale, en 1800, pour aller combattre en Égypte l'armée d'Orient, par M. de Noé. *Paris, I. R.*, 1826, in-8,
pap. vél., lith. color., cart. à la Bradel.

Avec envoi de la main de l'Auteur.

1518. Essai sur l'Indoustan, ou Empire du Mogol, tiré
de plusieurs historiens et géographes indiens. *Versailles*, 1785, in-fol. réglé, rel. en cart. *Ms. d'une belle
écriture.*

1519. État actuel du Tunkin, de la Cochinchine, et des
royaumes de Camboge, Laos et Lac-Tho, par de la
Bissachère, trad. d'après les relations originales de ce
voyageur (mis en ordre par de Montyon). *Paris, Galignani*, 1812, in-8, 2 vol., d.-rel., dos de v. gris.

1520. Histoire d'Ayder-Ali-Khan, ou Nouveaux Mémoires
sur l'Inde, avec des notes historiques, par M. D. L. T.
(Maistre de la Tour). *Paris, Cailleau*, 1783, in-12,
2 tom. en 1 vol., d.-rel.

1521. Description géographique, historique, chronologique, de l'empire de la Chine et de la Tartarie chi-
noise, par le P. du Halde. *Paris, Lemercier*, 1735, gr.
in-fol., fig., 4 vol., v. f., fil.

1522. Histoire des Etats barbaresques qui exercent la pira-
terie, contenant l'origine, les révolutions des royaumes
d'Alger, de Tunis, etc., trad. de l'angl. (par Boyer de
Prebandier). *Paris, Chaubert*, 1757, in-12, 2 vol.,
v. f.

1523. Description de l'Egypte, ou Recueil des observations et des recherches qui ont été faites en Egypte pen-

dant l'expédition de l'armée françoise, édition originale, 11 vol. de discours, in-fol. br., et 14 vol. de planches et cartes, très grand in-fol., dont 3 sur papier *grand-monde* : ces 11 vol. d.-rel., dos de mar. v.

1524. Mémoire sur les finances de l'Egypte, depuis sa conquête par Selym Ier. (en 1517) jusqu'à celle de Bonaparte, par le comte Esteve. *Paris, I. I*, 1809, in-fol., v. m. allem., fil., tr. dor.

1525. Tableau de l'Egypte pendant le séjour de l'armée françoise, avec la position des principaux lieux de l'Egypte, et la procédure exacte de Soleyman, assassin de Kléber, par A. G.....d (Galland). *Paris, Cérioux*, an XI, in-8, 2 vol., d.-rel.

1526. Histoire philosophique et politique des établissemens et du commerce des Européens dans les deux Indes, par G.-Th. Raynal. *Paris*, 1783, in-8, 10 tom. en 5 vol., et atl. in-4, d.-rel.

1527. Mémoires philosophiques, historiques, concernant la découverte de l'Amérique, ses anciens habitans, trad. de l'espagn. de D. Ulloa (par Lefèvre de Villebrune). *Paris, Buisson*, 1787, in-8, 2 vol., v. f., fil.

1528. Histoire de l'Amérique, trad. de l'angl. de Robertson (par Suard et Jansen). *Paris, Panckoucke*, 1778, in-8, 3 vol., v. m.

1529. La même, et les IXe. et X^e. livres, trad. par Morellet. *Ibid.*, 1798, in-12, 5 vol., v. m.

1530. Constitutions des XIII Etats-Unis de l'Amérique. *Paris, Ph.-D. Pierres*, 1783, in-8, bas. éc.

1531. Le Spectateur américain, ou Remarques générales sur l'Amérique septentrionale et sur la république des XIII États-Unis, par J. Mandrillon. *Bruxelles, Em. Flon*, 1785, in-8, cart., v. éc., fil.

1532. Tableau du climat et du sol des Etats-Unis d'Amérique, par C.-F. Volney et par W. Maclure. *Paris, Courcier*, 1803. = Suite des observations sur la géologie des Etats-Unis. In-4, 2 part. en 1 vol., d.-rel.

1533. Histoire de la révolution d'Amérique, par rapport à la Caroline méridionale, par D. Ramsay, trad. de l'angl. (par Lefort). *Paris, Froullé*, 1787, in-8, cart., 2 vol., v. f., fil.

1534. Complot d'Arnold et de sir H. Clinton contre les

Etats-Unis d'Amérique et contre le général Washington
(sept. 1780.). *Paris, P. Didot*, 1816, in-8, br.

1535. Mémoire justificatif des hommes de couleur de la
Martinique condamnés par arrêt de la cour royale de
cette colonie, contenant l'histoire des hommes de couleur dans les colonies françaises. *Paris, E. Duverger*,
1826, in-8, br. — Des colonies, particulièrement de la
Guyane française en 1821, par P.-Ch. de Saint-Amant.
Paris, Barrois l'aîné, 1822, in-8, br.

1536. Histoire de la Louisiane et de la cession de cette
colonie par la France aux Etats-Unis de l'Amérique
septentrionale, par M. Barbé-Marbois. *Paris, F. Didot*, 1829, in-8, pap. vél., d.-rel., dos de v. ant.

1537. Essai politique sur le royaume de la Nouvelle-Es-
pagne, par M. Alex. de Humboldt. *Paris, F. Schœll*,
1811, gr. in-4., pap. vél., 2 vol., et atlas gr. in-fol.,
d.-rel., dos de mar. r.

XII. *Antiquités.*

1538. Dictionnaire des antiquités grecques et romaines,
trad. de Sam. Pitiscus, par Barral. *Paris, Ch. Pougens*,
1797, in-8, 2 vol., d.-rel.

1539. C. Bartholini de inauribus veterum Syntagma. Accedit Mantissa ex Th. Bartholino de Annulis narium.
Amst., 1660, pet. in-12, v. br.—Joh. Kirchmanni de Annulis liber singularis. Accedunt G. Longi, Abr. Gorlæi,
et H. Kornmanni de iisdem Tractatus. *Lugd.-Bat.*, 1672,
pet. in-12, 4 part. en 1 vol., v. f.

1540. Jo. Schefferi de antiquorum Torquibus Syntagma,
cum notis Jo. Nicolai. *Hamburgi*, 1707, in-8, br.
en cart.

1541. De la Gloire de l'aigle, emblême, symbole, enseigne
militaire et décoration chez les peuples anciens et modernes, par Chazot. *Paris, Clament frères*, 1809,
in-8, pap. vél., br.

1542. Origine des postes chez les anciens et chez les modernes, par Lequien de la Neufville. *Paris, P. Giffart*,
1807, in-12, v. br.

1543. Topography illustrative of the Battle of Platæa, by Spencer Stanhope. *London, J. Murray,* 1817, in-8, pap. vél., br. en cart., et 1 cahier de planches, in-fol. atlant.

1544. Olympia; or Topography illustrative of the actual state of the Plain of Olympia, and of the Ruins of the cityo Elis, by John Spencer Stanhope. *London, Rodwell and Martin,* 1824, in-fol. atl., pap. vél., fig., lettre grise, d.-rel., dos et coins de mar. olive.

1545. Dissertazione sull' orologio et sull' ore degli antichi Romani, di L. Martorelli da Osimo. = Dissertazione sugli odori usati dagli antichi Romani, del medesimo. *Roma, F. Bourlié,* 1812, in-12, bas., fil.

1546. Sabine, ou Matinée d'une dame romaine à sa toilette, à la fin du 1er. siècle de l'ère chrétienne, trad. de l'allem. de C. A. Bœttiger. *Paris, Maradan,* 1813, in-8, fig. au trait, d.-rel., dos de v. gris.

1547. Illustrazione di un antico documento relativo all' originario rapporto tra le acque d'Arno e quelle della Chiana, memoria del conte Fossombroni. *Modena, la Tipogr. Camerale,* 1824, gr. in-4, pap. vél., br.

1548. Lettera sopra la colonna dell' imperatore Foca, scritta da Filip. Aurelio Visconti. *Roma, de Romanis,* 1813, gr. in-4, pap. fort, fig., rel. en cart.

XIII. *Histoire des Sciences, des Arts et des Lettres. Histoire littéraire de quelques pays, et de Sociétés savantes. Journaux scientifiques et littéraires.*

1549. De l'Origine des loix, des arts et des sciences, et de leurs progrès chez les peuples anciens (par Goguet). *Paris, Desaint,* 1758, in-4, 3 vol., v. f., fil.

1550. Esquisse d'un tableau historique des progrès de l'esprit humain, par Condorcet. *Paris, Agasse,* an III, in-8, d.-rel.

1551. Du Génie des peuples anciens, ou Tableau historique et littéraire du développement de l'esprit humain, depuis les premiers temps connus jusqu'au commencement de l'ère chrétienne, par Mme. V. de C. (Victorine de Chastenay). *Paris, Maradan,* 1808, in-8, 4 vol., d.-rel.

1552. Tableau des arts et des sciences, depuis les temps les plus reculés jusqu'au siècle d'Alexandre le Grand, trad. de l'angl. de Jac. Bannister (par Boulard). *Paris, Maradan,* 1783, in-12, v. rac.

1553. Essai d'une Histoire des révolutions arrivées dans les sciences et les beaux-arts, depuis les temps héroïques jusqu'à nos jours, par P.-G. de Roujoux. *Paris, Adr. Egron,* 1811, in-8, 3 vol., v. m.

1554. Lettres sur l'origine des sciences, et sur celle des peuples de l'Asie, par Bailly, 1777, 1 vol.—Lettres sur l'Atlantide de Platon et sur l'ancienne histoire de l'Asie. *Paris, Debure,* 1779, 1 vol. Les 2 vol. in-8, d.-rel.

1555. Essais sur l'Histoire des belles-lettres, des sciences et des arts, par Juvenel de Carlencas. *Lyon, Duplain,* 1749, pet. in-8, 4 vol., v. m.

1556. Histoire de la législation, par M. de Pastoret. *Paris, I. R.,* 1817-1827, in-8, d.-rel. *Tomes* 1 à 9.

1557. Essai sur l'Histoire de la philosophie en France au xix*. siècle, par M. Ph. Damiron. *Paris, Schubart,* 1828, in-8, 2 vol., br.

1558. Histoire du commerce et de la navigation des peuples anciens et modernes (par D'Arcq). *Paris, Desaint,* 1758, in-12, 2 vol., d.-rel.

1559. Histoire générale de la marine, contenant son origine, ses progrès, son état actuel, etc. *Paris, P. Prault,* 1744-1758, in-4, 3 vol., d.-rel.

1560. Histoire de la monnaie, depuis les temps de la plus haute antiquité jusqu'au règne de Charlemagne, par Germ. Garnier. *Paris, V*e*. Agasse,* 1819, in-8, 2 vol. d.-rel.

1561. Essai d'une Histoire pragmatique de la médecine, par Kurt Sprengel, trad. (de l'allem.) par Ch.-Fred. Geiger. *Paris, I. I.,* 1809, in-8, 2 vol., v. m., dent., tr. dor.

1562. Histoire de l'astronomie ancienne et de l'astronomie moderne, et Traité de l'astronomie indienne et orientale, par Bailly. *Paris,* 1775, 1785 et 1787, in-4, 5 vol., v. m.

1563. Histoire de l'astronomie, depuis 1781 jusqu'à 1811, par M. Voiron. *Paris, Courcier,* 1810, in-4, d.-rel.

1564. Précis de l'Histoire de l'astronomie, par M. de La-place. *Paris, V°. Courcier,* 1821, in-8, br.

1565. Histoire de l'art chez les anciens, par Winkelmann, trad. de l'allem., par Jansen, avec des notes historiques et critiques. *Paris, Jansen,* an 11, in-4, fig., br. en cart. Tomes 1 et 2.

1566. Histoire de la peinture en Italie, par M. B. A. A. (M. Beyle, ancien auditeur). *Paris, P. Didot,* 1817, in-8, 2 vol., d.-rel., dos de v. f. ant.

1567. Essai sur l'Histoire de la musique en Italie, depuis les temps les plus anciens jusqu'à nos jours, par le comte Orloff. *Paris, P. Dufart,* 1822, in-8, 2 vol., d.-rel., dos de v. f.

1568. Essai sur l'origine de la gravure en bois et en taille-douce, et sur la connaissance des estampes aux xv°. et xvi°. siècles, où il est parlé de l'origine des cartes à jouer et des cartes géographiques, par Jansen. *Paris, Schœll,* 1808, in-8, fig., 2 vol., bas. rac., fil.

1569. Querelles littéraires, pour servir à l'Histoire des révolutions de la république des lettres, depuis Homère jusqu'à nos jours (par Irailh). *Paris, Durand,* 1761, in-12, 4 vol., v. m.

1570. Histoire littéraire des 13 prem. siècles de l'ère chré-tienne, trad. de l'angl. de Berington (par Boulard). *Paris, Delaunay,* 1814, *G. Warée,* 1816, et *Maradan,* 1818 et 1821, in-8, 4 vol. réunis en 1, d.-rel., dos de v. f. ant.

1571. Histoire littéraire du moyen âge (trad. de l'angl. de Jacq. Harris par Boulard). *Paris, J. Lottin,* 1785, in-12, br.—Horæ biblicæ, ou Recherches littéraires sur la Bible, trad. de l'angl. de Ch. Butler (par Boulard). *Paris, Garnery,* 1810, in-8, br.

1572. Histoire littéraire de la France, par des religieux bénédictins, continuée par des membres de l'Institut. *Paris,* 1733-1824, in-4, 16 vol.; tome 1er., v. f.; le surplus, v. m.

1573. Histoire littéraire des troubadours, contenant leurs vies, et l'histoire des xii°. et xiii°. siècles (par Millot, *Paris, Durand,* 1774, in-12, 3 vol. v. m.

1574. Tableau historique de l'esprit et du caractère des

littérateurs françois, depuis la renaissance des lettres jusqu'en 1785, par T*** (Taillefer). *Paris, Nyon,* 1785, in-8, 4 vol., v. m.

1575. Tableau historique des gens de lettres, ou Tableau chronolog. de l'histoire de la littérature françoise, depuis son origine jusqu'au XVIIIe. siècle, par l'ab. de L*** (Longchamps). *Paris, Saillant,* 1767-70, in-12, 6 vol., bas. m.

1576. Bibliothèque françoise, ou Histoire de la littérature françoise, par l'ab. Goujet. *Paris, H.-L. Guérin,* 1740-1756, in-12, 18 vol., v. f. et v. m.

1577. Histoire de la littérature d'Italie, tirée de l'ital. de Tiraboschi, et abrégée par Ant. Landi. *Berne,* 1784, in-8, 5 vol., d.-rel., dos de v. violet.

1577 *bis.* Histoire littéraire d'Italie, par P. L. Ginguené, avec la continuation par Salfi. *Paris, Michaud,* 1811 à 1819, et *P. Dufart,* 1823, in-8, 10 vol., bas. rac., fil.

1578. Della litteratura veneziana del seculo XVIIIe., opera di G. Moschini. *Venezia,* 1806-08, in-8, 4 vol., br.

1579. Couronnes académiques, ou Recueil des prix proposés par les sociétés savantes, précédé de l'Histoire abrégée des académies de France, par Delandine. *Paris, Cuchet,* 1787, in-8, 2 vol., bas. rac.

1580. Histoire de l'Académie françoise, par Pelisson et d'Olivet. *Paris, Coignard,* 1743, in-12, 2 vol., v. m. — Histoire des membres de l'Académie françoise morts depuis 1700 jusqu'en 1771, par d'Alembert. *Paris, Moutard,* 1787, in-12, 6 vol., d.-rel.

1581. Histoire et Mémoires de l'Académie royale des inscriptions et belles-lettres, depuis son établissement jusques et compris 1793, avec la table raisonnée par Laverdy. *Paris,* 1736-1809, in-4, 51 vol., v. m.

1582. Mémoires de l'Institut, ainsi composés : Sciences physiques et mathématiques, 14 vol.; Académie des sciences, 1816 à 1829, 8 vol.; Sciences morales et politiques, 5 vol.; Littérature et Beaux-Arts, 5 vol.; Littérature ancienne et Académie des inscriptions et Belles-Lettres, de 1815 à 1827, 8 vol.; Mém. des savans étrangers, 2 vol.; Mémoires lus par des savans étrangers, 1827, 1 vol.; Base du système métrique, 3 vol.; Rapports sur les progrès, depuis 1789, des sciences mathématiques, des sciences naturelles, et de l'histoire et de la littérature ancienne, par MM. Delambre, Cuvier et Dacier, 3 vol.; Rapport et Jugement sur les prix décennaux, 1 vol. : total, 5o vol. in-4, br.

1583. Les trois mêmes Rapports de MM. Delambre, Cuvier et Dacier. *Paris, I. I.,* 1810, in-8, 3 vol., br.

1584. Notices et extraits des mss. de la bibliothèque du roi. *Paris, I. R.,* 1787-1827, in-4, 11 vol.; les 10 prem. v. rac. dent., et le tome 11 br.

1585. Mémoires de l'Académie des sciences et belles-lettres de Bruxelles. *Bruxelles,* 1780, tomes 2 et 3.—Mémoires sur des questions proposées par la même Académie, et qui ont remporté le prix en 1776, 77, 78 et 79. 4 vol. Les 6 vol. in-4, fig., mar. r., dent., tr. dor.

1586. Asiatick Researches; or, Transactions of the Society instituted in Bengal, for inquiring into the history and antiquities, the arts, sciences, and litterature of Asia. *Calcutta, M. Cantapher,* 1788-1816, in-4, gr. pap., fig., cuir de R., dent., tr. dor. (*Tomes* 1 *à* 12.)

1587. Transactions of the historical and literary committee of the american philosophical Society, held at Philadelphia, for promoting useful knowledge. *Philadelphia, Abr. Small,* 1819, gr. in-8, br. en cart. *Tome* 1er.

1588. Le Lycée armoricain. *Nantes, Mellinet-Malassis,* 1823-28, in-8, fig., rel. à la Bradel; tomes 1 à 11.

1589. Histoire de l'Université, depuis son origine jusqu'à nos jours, par M. Eug. Dubarle. *Paris, J. L. Brière,* 1829, in-8, 2 vol., br.

1590. Coup-d'œil sur les universités et le mode d'instruction publique de l'Allemagne protestante, par Ch. Villers. *Cassel, Impr. R.,* 1808, in-8, br. — Mémoires historiques sur la fondation du collége royal français de Berlin, à l'occasion du jubilé de 1789, rédigés par Erman. *Berlin, G. F. Starcke, s. d.,* in-8, rel. en cart.

1591. Le Pour et Contre, ouvrage périodique en matière de sciences, d'arts, de livres, etc. (par l'ab. Prévost). *Paris, Didot,* 1733-40, in-12, 20 tom. en 10 vol., v. f.

1592. La Décade philosophique, littéraire et politique, par une société de gens de lettres, an 11 à 1807, in-8, 54 vol., v. rac., fil.

XIV. *Histoire de l'imprimerie, Bibliographie.*

1593. Analyse des opinions diverses sur l'origine de l'imprimerie, par M. Daunou. *Paris,* an xi, in-8, v. fac.

1594. Histoire de l'origine et des premiers progrès de l'imprimerie (par Prosp. Marchand). *Lahaye, V*. Le Vier,
1740, in-4, 2 part. en 1 vol., vél. blanc.

1595. Histoire de l'imprimerie et de la librairie, où l'on
voit son origine et ses progrès jusqu'en 1689 (par J. de
la Caille). *Paris, J. de la Caille,* 1689. = L'Origine
de l'imprimerie de Paris, par André Chevillier. *Paris,*
1694, in-4, 4 part. en 1 vol., v. br.

1596. Les Bibliothèques françaises de la Croix Dumaine et
de Du Verdier; nouvelle édition, augmentée des remarques de De la Monnoye, du prés. Bouhier, et publiée
par Rigoley de Juvigny. *Paris, Saillant,* 1773, in-4,
6 vol., v. m. (*Manque le titre du tome 1er.*)

1597. La France littéraire (par Debrailh, de la Porte et
Guiot). *Paris, V*. Duchesne, 1769-1784, pet. in-8,
5 part. en 4 vol., d.-rel.

1598. Notices statistiques sur la librairie, par M. Daru.
Paris, F. Didot, 1827, in-4, pap. vél., br.

1599. Tables de la Bibliographie de la France des années
1827 et 1828, in-8, 2 vol., br.

1600. Essais sur la lecture et sur la bibliomanie, où il est
traité du choix des livres, du bon usage et de l'abus des
livres (par Bollioud Mermet). *Lyon, P. Duplain,* 1765,
in-8, 2 part. en 1 vol., v. m. — Essai sur la bibliographie et sur les talens du bibliothécaire (par Parent l'aîné).
Paris, l'auteur, an ix, in-8, d.-rel.

1601. Nouvelle bibliothèque d'un homme de goût; par
A.-A. Barbier et N.-L. Désessarts. *Paris, Duminil-Lesueur,* 1808-1810, in-8, 5 vol., br.

1602. Nouveau Dictionnaire bibliographique portatif, précédé de conseils pour former une bibliothèque peu nom-
breuse, mais choisie, par Desessarts. *Paris, Desessarts,*
1804, in-8, d.-rel.

1603. Dictionnaire typographique, historique et critique
des livres rares, par J.-B. Osmont. *Paris, Lacombe,*
1768, in-8, 2 vol., v. f., fil.

1604. Dictionnaire bibliographique et critique des livres rares (par Duclos) et Supplément (par M. Brunet). *Paris, Cailleau,* 1790 et 1802, in-8, 4 vol., v. éc., fil. et v. m.

1605. Dictionnaire des ouvrages anonymes et pseudonymes, par A.-A. Barbier. *Paris, Impr. bibliogr.,* 1806-1808, in-8, 4 vol., br.

1606. Le même, 2ᵉ. édition augmentée. *Paris, Barrois l'aîné,* 1822-1827, in-8, 4 vol., br.

1607. Table alphabétique des dictionnaires en toutes sortes de langues et sur toutes sortes de sciences et arts, (par Durey de Noinville). *Paris, Chaubert,* 1758. = Dissertation sur les bibliothèques, avec une table alphabétique, tant des ouvrages publiés sous le titre de Bibliothèque que des catalogues imprimés de France et des pays étrangers (par le même). *Ibid.,* 1758, pet. in-8, v. m.

1608. Essai bibliographique sur les éditions des Elzevirs les plus précieuses et les plus estimées, précédé d'une Notice sur ces imprimeurs célèbres (par M. Bérard). *Paris, F. Didot,* 1822, in-8, br.

1609. Bibliothèque universelle des voyages, par G. Boucher de la Richarderie. *Paris, Treuttel et Würtz,* 1808, in-8, 6 vol., d. rel.

1610. Bibliotheca horatiana, sive Syllabus editionum Q. Horatii Flacci, interpretationum, versionum ab anno 1470 ad ann. 1770. *Lipsiæ, W. Gott. Sommerus,* 1775, in-8, br.

1611. Catalogue de livres de la Bibliothèque du conseil d'état, rédigé par A.-A. Barbier. *Paris, I. de la Rép.,* an XI, gr. in-4, 2 tom. en 1 vol., br. en cart.

1612. Catalogue de la bibliothèque de Bourret, 1735, in-12, v. br. — Catalogue des livres de Bellanger, avec table, par G. Martin. *Paris, Martin,* 1740, in-8, v. f. — Catalogue des livres de Danty d'Isnard, suivi d'une table. *Paris, G. Martin,* 1744, in-12, v. f. *Tous trois avec prix à la main.*

1613. Catalogue des livres du cabinet de G... D. P... (Girardot de Préfond), avec table. *Paris, De Bure,* 1757, gr. in-8, v. f., fil. *Prix à la main.* — Catalogue de la bibliothèque de Falconnet. *Paris, Barrois,* 1763, in-8, 2 tom. en 4 vol., v. j. *Prix à la main, et feuillets blancs intercalés.*

1614. Catalogue de la bibliothèque de Sandras, avec table. *Paris, Gogué*, 1771, in-8, v. m. *Prix à la main.* — Catalogue des livres de Randon de Boisset. *Paris, De Bure*, 1777, in-12, d.-rel. — Catalogue des livres rares de Filheul (Chardin), avec table. *Paris, Dessain j.*, 1779, in-8, v. br. — Catalogue de la bibliothèque de Paris de Meyzieu. *Paris, Moutard*, 1779, in-8, d.-rel.

1615. Catalogue de la bibliothèque de Picard, avec table. *Paris, Mérigot l'aîné*, 1780, in-8, v. m. — Catalogue de la bibliothèque de l'ab. Sepher. *Paris, Fournier*, 1786, in-8, d.-rel. — Catalogue de la bibliothèque de Baron. *Paris, Née de la Rochelle*, 1788, in-8, v. m. *Les trois avec prix à la main.*

1616. Catalogue de la bibliothèque de Soubise, avec table. *Paris, Leclerc*, 1788, in-8, v. m. *Prix à la main.* — Catalogue de la bibliothèque de Mirabeau l'aîné. *Paris, Rozet*, 1791, in-8, bas. br. *Prix à la main.*

1617. Catalogue de la bibliothèque de l'ab. Rive, mis en ordre par Achard. *Marseille*, 1793, in-8, 3 parties en 1 vol., v. m. — Catalogue des livres rares et singuliers de Bonnier. *Paris, De Bure*, an VIII, in-8, v. m. *Prix à la main.*

1618. Catalogue des livres imprimés et mss. composant la bibliothèque de L.-M. Langlès. *Paris, Merlin*, 1825, in-8, pap. vél., br. — Catalogue des livres, la plupart rares et précieux, de la bibliothèque de M. le marquis de Ch*** (de Châteaugiron). *Paris, Merlin*, 1827, in-8, br.

1619. Catalogue des livres de la bibliothèque de M. Boulard. *Paris, Gaudefroy et J. Bleuet*, 1828 et 1829, gr. in-8, pap. vél., br. *Tomes* 1, 2 *et* 5 (*les seuls publiés*).

Il sera vendu, à la suite de ce n°., divers autres Catalogues, avec et sans prix de ventes.

XV. *Biographie.*

1620. Dictionnaire historique et critique, par P. Bayle, revu, corrigé et augmenté par Des Maizeaux. *Amst., P. Brunel*, 1740, in-fol., 4 vol., v. m.

1621. Nouveau dictionnaire historique et critique, par J.-G. de Chaufepié. *Amst., P. Mortier*, 1750, in-fol., 4 vol., v. m.

1622. Le Grand dictionnaire historique, par L. Moréri, nouvelle édit. augmentée par Drouet. *Paris*, 1759, in-fol., 10 vol., v. m.

1623. Nouveau dictionnaire historique, par une société de gens de lettres (par D. Chaudon). *Caen, Leroy*, 1786, in-8, 8 vol., bas. m.

1624. Histoire des philosophes anciens, et Histoire des philosophes modernes, par Saverien. *Paris, Bleuet*, 1773, in-12, avec portr., 13 vol., bas. rac.

1625. Dictionnaire des honnêtes gens, rédigé par Sylv. Maréchal, précédé de l'Almanach des honnêtes gens. *Paris, Gueffier*, 1791, in-8, v. rac.

1626. Biographie des suicides, par Spiess; trad. de l'allem. par J. Pott. *Lausanne, le Traducteur*, 1798, in-12, 2 vol., d.-rel.

1627. Notices chronologiques sur les théologiens, jurisconsultes, philosophes, artistes, etc., de la Bretagne, depuis le commencement de l'ère chrétienne jusqu'à nos jours, par Miorcec de Kerdanet. *Brest, Michel*, 1818, in-8, d.-rel.

1628. Particularités et Observations sur les ministres des finances de France les plus célèbres, de 1660 à 1791 (par de Montyon). *Paris, Le Normant*, 1812, in-8, v. rac.

1629. Biographie moderne, ou Galerie historique, civile, militaire, politique et judiciaire. *Paris, Al. Eymery*, 1815, in-8, 2 vol., rel. à la Bradel.

1630. Biographie nouvelle des contemporains, par MM. Arnault, A. Jay, E. Jouy, etc. *Paris*, 1820-1825, in-8, fig., 20 vol., br.

1631. Biographie des contemporains, par Napoléon. *Paris, Ponthieu*, 1824, in-8, rel. à la Bradel.

1632. Biographie de tous les ministres, depuis la constitution de 1791 jusqu'à nos jours. *Paris*, 1825, in-8, d.-rel.

1633. Biographie des pairs et des députés qui ont siégé dans les deux dernières sessions. *Paris, Beaucé*, 1820, in-8, 2 vol., d.-rel., dos de v. f. ant.

1634. Biographie pittoresque des députés. *Paris, Delau-*

...oy, 1820, in-8, portr., d.-rel., dos de v. ant. — Petit Almanach législatif, ou la Vérité en riant sur nos députés. *Paris, P. Mongie,* 1820, in-12, br. — Histoire biographique de la Chambre des pairs, depuis la restauration jusqu'à l'époque actuelle, par A. Lardier; précédée d'un Essai sur l'institution et l'influence de la pairie en France, par C.-O. Barbaroux. *Paris, Brissot-Thivars,* 1829, in-8, br.

1635. Biographie des ministres, depuis la restauration. — Biographie pittoresque des pairs de France. — Petite biographie des pairs. — Petite biographie des députés. — Petite biographie des quarante de l'Académie française, 1826, in-32, 5 vol., br.

1636. Biographie des quarante de l'Académie française. *Paris,* 1826, in-8, d.-rel.

1637. Séance publique de la Faculté de médecine de Paris. Eloge historique de Sabatier, par Percy. *Paris, Didot jeune,* 1812, pet. in-4, pap. vél., d.-rel., dos de mar. r. — Eloges lus aux séances publiques de l'Académie royale de médecine, précédés du discours d'inauguration, et suivis de l'Histoire médicale de la fièvre jaune qui a régné à Barcelone en 1821, par M. Pariset. *Paris,* 1826, in-8, pap. vél., br. — Eloges des académiciens de Montpellier, recueillis, abrégés et publiés par M. Des Genettes. *Paris,* 1811, in-8, v. rac.

1637 *bis.* Essais de biographie et bibliographie médicales. *Paris, Panckoucke,* 1825, in-8, br. — Histoire de la vie et des ouvrages de P. F. Percy, par M. C. Laurent. *Versailles,* 1827, in-8, br.

1638. Vita di Giov. Boccacci, scritta dal conte G. B. Baldelli. *Firenze, C. Ciardetti,* 1806, gr. in-8, br. en cart.

1639. Histoire de Nic. Machiavel, par J. V. Péries. *Paris, Rignoux,* 1823, in-8, br.

1640. Histoire de la comtesse Desbarres (l'abbé de Choisy). *Bruxelles,* 1736, pet. in-12, v. f. — La Vie de l'abbé de Choisy (par D'Olivet). *Lausanne, Bousquet,* 1748, in-8, v. f., fil.

1641. Histoire de Bossuet, par de Bausset. *Versailles, Lebel,* 1814, in-8, portr., 4 vol., d.-rel.

1642. Histoire de Fénélon, par le même. *Paris, Michaud,* 1808, in-8, 3 vol., br.

1643. La même augmentée. *Versailles, Lebel,* 1817, in-8, 4 vol., d.-rel.

1644. Vie privée du card. Dubois (par Mongez). *Londres,* 1789, in-8, d.-rel.

1645. Mémoires pour servir à l'histoire de la Vie et des ouvrages de Fontenelle et de La Motte, par Trublet. *Amst., M. Rey,* 1759, in-12, v. m., fil., tr. dor. — Fontenelle, Colardeau et Dorat, ou Eloges de ces trois écrivains célèbres, par C. Palmézeaux. *Paris, Cérioux,* 1803, in-8, d.-rel.

1646. Histoire de la Vie et des ouvrages de Voltaire, par L. Paillet-de-Warcy. *Paris, Mme. Dufriche,* 1824, in-8, portr., et fac-simile, 2 vol., d.-rel.

1647. Vie de Turgot (par Condorcet). *Londres,* 1786, in-8, d.-rel. — Notice sur Necker, par A. de Staël-Holstein. *Paris, Treuttel et Würtz,* 1820, in-8, rel. à la Bradel.

1648. Essai sur la vie, les écrits et les opinions de Malesherbes, par de Boissy-d'Anglas. *Paris, Treuttel et Würtz,* 1819, in-8, 2 vol., v. rac., dent.—Supplément contenant une réponse à la Biographie universelle. *Ibid.,* 1821, in-8, br.

1649. Mémoires historiques sur la vie de Suard, sur ses écrits et sur le xviiie. siècle, par D.-Jos. Garat. *Paris, A. Belin,* 1828, in-8, 2 vol., d.-rel.

1650. Archives de l'honneur, ou Notices sur la vie militaire des généraux de brigade, colonels, majors, capitaines de vaisseaux de la marine française, qui, par leurs belles actions, se sont illustrés, par F. Babié et J.-G. Saint-Sauveur. *Paris, Laurens aîné,* 1805 et 1806, in-8, br. *Tome* 1 *à* 4.

1651. Histoire de Christophe Colomb, suivie de sa correspondance, et de pièces inédites, trad. de l'ital. de Rossi, par C.-M. Urano. *Paris, Carnevillier aîné,* 1824, in-8, d.-rel., non rogné.

1652. Histoire d'Oliv. de Clisson, connétable de France, par A. D. de la Fontenelle de Vaudoré. *Paris, F. Didot,* 1825 et 1826, in-8, 2 vol., d.-rel.

1653. Histoire de Louis de Bourbon, prince de Condé, par Désormeaux. *Paris, Saillant,* 1766-1768, in-12, cartes, 4 vol., v. m.

654. Histoire de Turenne (par de Ramsay). *La Haye*, 1736, pet. in-8, 4 vol., cartes, bas. f.

655. Vie du maréchal de Villars, écrite par lui-même, et publiée par Anquetil. *Paris, Moutard*, 1784, in-12, cartes, 4 vol., v. m.

656. Vie privée du maréchal de Richelieu (par Faur). *Paris, Buisson*, 1792, in-12, 3 vol., d.-rel.

657. Dictionnaire des graveurs anciens et modernes, par F. Basan. *Paris, l'Auteur*, 1789, in-8, 2 tom. en 1 vol., v. m.

658. Vita di Jac. Sansovino descritta da G. Vasari , e da lui medesimo ampliata, riformata et corretta. *Venezia, Ant. Zatta e Figli*, 1789, gr. in-4, br. en cart.

660. Mémoires sur la vie de Mlle de Lenclos (par Bret).—Mémoires et lettres pour servir à l'Histoire de la vie de Mlle de Lenclos (par Douxménil). *Paris, Rollin fils*, 1751, pet. in-12, v. m.

661. Madame de Maintenon peinte par elle-même (par Mme. Suard). *Paris, Maradan*, 1810, in-8 , d.-rel.,—Eloges de Mme. Geoffrin, par Morellet, Thomas et d'Alembert, suivis de Lettres, et d'un Essai sur la conversation, par Morellet. *Paris, Nicolle*, 1812, in-8, d.-rel.

XVI. *Mélanges et Extraits historiques, Miscellanea, Recueils.*

662. Histoires prodigieuses et mémorables, extraictes de plusieurs fameux autheurs, grecs et latins, sacrez et prophanes..., par Boaistuau, Tesserant, de Belleforest et autres. *Paris, V^e. Gabr. Buon*, 1598, in-16, parch.

663. Dictionnaire des portraits historiques, anecdotes remarquables des hommes illustres. *Paris, Lacombe*, 1768, pet. in-8, 3 vol., bas. éc.

664. Éphémérides de P.-J. Grosley, avec un précis de sa vie et de ses écrits, et des notes, par L.-M. Patris-Debreuil. *Paris, Durand*, 1811, 2 vol.—OEuvres inédites de P.-J. Grosley, avec des remarques, par le même. 1814, 3 vol.; les 5 vol. in-8, br.

1665. Mémoires secrets pour servir à l'Histoire de la république des lettres en France, depuis 1762 jusqu'à nos
jours, par de Bachaumont. *Londres, J. Adamson,*
1777-89, in-12, 36 tom. en 18 vol., bas. m.
1666. L'Espion anglois (par Pidansat de Mairobert).
Londres, J. Adamson, 1785-1786, in-12, 10 vol., bas j.
1667. Curiosité et Indiscrétion, par Fournier-Verneuil.
Paris, 1824, in-8, br.
1668. Deux vol. in-8, de Volney, en d.-rel., dont : l'Al-
fabet européen appliqué aux langues asiatiques; Histoire de Samuel, inventeur du sacre des rois ; Discours
sur l'étude philosophique des langues. *Paris,* 1819.
1669. Essai sur les relations commerciales du département
de l'Aude avec les échelles du Levant, l'Espagne, le
Portugal, etc., par E. Dupré-St.-Maure. *Debray,* 1808.
== La Jeunesse de Préville, ou les Comédiens de campagne, comédie mêlée de vaudevilles. *Paris, Fages,*
1809. == Le Chapelet de bonne compagnie. *Paris,*
Petit, 1806, in-8, mar. r., fil., d. de moire, tr. dor.
1670. Discours sur l'état des lettres en Saxe, par l'abbé
Haeffelin. *Mannheim,* 1774. == Discours de l'influence
des voiages sur les progrès des arts, par le même.
Mannheim, 1775. == Dissertatio de capacitate ecclesiæ
bona temporalia possidendi, auctore D. J. P. de Kasso-
rowsky. *Argentorati,* 1778. == Dissertatio de cœlibatu
clericorum, auctore Anton. Baader. *Argentor.,* 1777, et
autres pièces, en 1 vol., in-4, d.-rel.
1671. Huit vol. in-4, rel. en parch., contenant nombre de
pièces, tant de littérature que d'histoire, imprimées et
mstes., dont : Thésée, opéra de Quinault. *Paris,* 1675
(1re. *édition*). Panegyricus Ludovico XIII, authore
Abelio Sammarthano (avec traductions grecque et
franç.); Oraison funèbre de Louis XIII ; Hymne de
Sainte-Geneviève ; Hymne de Saint-Charles Borromée ;
la Grande Chartreuse et la Sorbonne, poëme par Ant.
Godeau, 1651-1653 (1re. *édition*); et des pièces relatives
à Mazarin, à la Fronde et au Jansénisme.
1672. Narratio regionum indicarum per Hispanos quosdam
devastatarum, per Barth. Casaum, hispanicè conscripta
et post alibi latinè excusa. *Oppenheimii, Jo.-Th. de*
Bry, 1614, fig. == Mare Venetorum, ad Laur. Mo-
tinum Epistola increpatoria, 1620. == Panegyricus Gus-

tavi Adolphi, authore Eliâ Denuckrois. *Augustæ-Tri-nob.*, 1629. = Encomium Invidiæ, Cæcitatis, Nemi-nis, etc., authoribus incertis amphitheatro sapientiæ Socraticæ à C. Dornavio additum. *Francof., G. Fitze-rus, 1626*, pet. in-4, v. br.

1673. Vol. in-fol., d.-rel., contenant : 1°. Plan pour la formation de deux décorations patriotiques, pour remplacer les ordres de Saint-Michel, de Saint-Lazare, etc. ; 2°. Mémoire en faveur de l'art de la sculpture ; 3°. Dissertation sur la question : Si Saint-Denis, fondateur de l'église de Paris, est l'aréopagite ; 4°. sur les Écoles des ingénieurs militaires ; 5°. sur la Capitulation de la ville de Gueldre ; 6°. Ordre de bataille commandé par le général Soubise ; 7°. Convention entre le duc de Cumberland et le maréchal de Richelieu ; 8°. Discours et Maximes pour l'instruction du Roi ; Traités historiques de l'amitié ; 9°. Les Forces de l'état ; 10°. Suite de l'Histoire de l'empire des Perses, par l'ab. Guyon ; 11°. Relation relative au prince Clas, fils aîné du roi d'Angola ; 12°. Mémoires historiques, polit. et militaires, dont quelques particularités concernant Bonaparte ; suivis d'un Mémoire sur la fourniture des chevaux des vivres à la suite des armées, et d'une Lettre intéressante soutenue de réflexions philosophiques. *Ms. de diverses mains.*

1674. Divers Traités manuscrits, rédigés par le chevalier Mopinot, sous le titre de : Recherches historiques et militaires ; de Relations de siéges, de Théologie militaire, ou Réflexions d'un militaire sur la religion, etc. , etc. Le tout formant 2 vol. in-fol., et 9 vol. in-4, d.-rel.

1675. Recueil de pièces sur les diverses branches des sciences et arts, sur la littérature française et étrangère, formé par M. Daru, et distribué en 2 vol. in-fol. ; 65 vol. in-4 et 173 vol. in-8, reliés à la Bradel. La plupart des vol. sont précédés de la table des traités qu'ils renferment.

Ce Recueil pourra être divisé, s'il n'y a pas offre suffisante pour le tout.

ARTICLES OMIS.

1676. Pharetra fidei contra Judeos super Talmuch. Pet.
in-8, parch.

Ms. sur vélin, du xvi°. siècle.

1677. Table des huit registres des ordonnances de
Louis XIII, de juillet 1610 à 1643, vérifiées en Parlement. In-fol., v. br. *Ms. du xvii°. siècle.*

1678. Recueil des anciennes ordonnances qui ont rapport
à tous les crimes, dont la connoissance a été attribuée à
la Chambre de justice de 1716, in-fol., rel. en cart. *Ms.*

1679. Arrêtés du premier président de Lamoignon. In-fol.,
v. br. *Ms. du temps.*

1680. Vol. in-fol., rel. en carton, contenant 23 pièces
imprimées et mstes. sur l'administration et le régime
économique des prisons.

1681. Instruction pour le calcul de la température dans
ses rapports avec la partie mathématique de la musique,
par D.-G. Zurt. *Halle et Leipzig,* 1806, gr. in-8,
d.-rel. (*en allem.*).

1682. Projet pour le défrichement des bruyères du département de la Méuse-inférieure, par le baron Rogieri ;
et autres pièces dans le même vol., in-fol., d.-rel. *Ms.*

1683. Projet de desséchement des maremes sienoises, par
le baron Lacuée. In-fol., cartes et dessins à la plume,
d.-rel. *Ms.*

1684. Description des nouveaux jardins de la France et
de ses anciens châteaux, par M. Alex. de Laborde. *Paris, l'Auteur,* 1808 et suiv., gr. in-fol., pap. vél. *Livraisons* 1, 2 *et* 5 *à* 11.

1685. Architettura della basilica di S. Pietro in Vaticano,
opera di Bramante Lazzari, Michel Angelo Bonaroti ed
altri celebri architetti, espressa in XXXII tavole da
Mart. Ferraboschi, con una succinta dichiarazione com-
pilata da F. Gilii. *Roma, de Romanis,* 1812, gr. in-fol.,
fig. *En feuilles.*

1686. L'Art militaire chez les nations les plus célèbres de
l'antiquité et des temps modernes, analysé et comparé,

par de Laverne. *Paris, Cordier,* 1805, in-8, v. rac.,
fil.

1687. Essai sur les fables et sur leur histoire, par J.-S.
Bailly. *Paris, De Bure,* an VII, in-8, 2 vol., mar. r.,
fil., tr. dor.

1688. Histoire du Théâtre italien, par S. Riccoboni.
Paris, Chaubert, s. d., fig. ==Dell' arte rappresentativa,
Capitoli sei di L. Riccoboni. *Londra,* 1728, gr. in-8,
v. br.

1689. Un Recueil de pièces dramatiques des divers théâtres de France. In-8, 26 vol., la plupart rel. à la
Bradel.

1690. Recueil de pièces anecdotiques et satiriques, en vers
et en prose, sur les événemens et les personnages célèbres de 1745 à 1755, in-fol., br. en cart. *Ms.*

1691. Lycée, ou Cours de littérature ancienne et moderne,
par J.-F. Laharpe. *Paris, H. Agasse,* ans VII-XIII,
in-8, 16 vol., v. rac.

1692. Nouveaux mémoires d'histoire, de critique et de
littérature, par d'Artigny. *Paris, Debure,* 1749-56,
in-12, 7 vol., v. m.

1693. Dictata Petri Burmanni in Suetonii Tr. Cæsares.
In-4, 3 vol., vél. *Ms.*

1694. Lettres de l'ab. de Chaulieu à Mlle. de Launay,
devenue Mad. de Staal, et autres pièces en 1 vol. in-4,
vél. v., *ms.*

1695. Vol. in-8, d.-rel., contenant diverses pièces de
P.-L. Courier, dont : Lettres particulières (1re. et 2e.);
Lettre au rédacteur du Censeur ; Lettre à MM. de l'A-
cadémie des inscriptions et belles-lettres ; Procès de
P. Clavier-Blondeau, pour prétendus outrages à M. le
maire de Veretz ; Pétitions aux deux Chambres ; Simple
discours aux membres du Conseil de la commune de
Veretz, à l'occasion d'une souscription pour l'acquisi-
tion de Chambord ; Procès de P.-L. Courier, condamné
à l'occasion de ce discours ; Aux âmes dévotes de la pa-
roisse de Veretz ; Réponse aux anonymes ; Livret ; Pam-
phlet des pamphlets, etc., etc.

1696. Histoire romaine, depuis la fondation de Rome
jusqu'à la bataille d'Actium, par Rollin, continuée par
Crevier. *Paris, V^e. Estienne,* 1748, in-12, 16 vol.,
v. m.

1697. Le sette cose fatali di Roma antica, illustrate da
Fr. Cancellieri, con la spiegazione de' misteriosi attri-
buti de' nuneri ternario e settenario. *Roma, L. Perego
Salvioni,* 1812, in-12, br.

1698. Abrégé de l'histoire des traités de paix, par Koch.
Basle, J. Decker, 1797, in-8, 4 tom. en 2 vol., bas.
porph.

1699. Essai sur l'esprit et l'influence de la réformation de
Luther, par Ch. Villers. *Paris, Didot jeune,* 1808, in-8,
v. rac.

1700. Changemens politiques survenus en Europe, depuis
1789 jusqu'à la paix de Tilsit, 10 juillet 1807.

Tableau imprimé sur soie.

1701. Actes de la première et de la seconde séance des
États de Blois, les 16 et 18 octobre 1588, contenant la
Harangue de Henri III, la Remonstrance du garde des
sceaux, les Remercimens faits au nom du clergé, de la
noblesse, etc. *Paris, Fed. Morel,* 1688, 9 pièces ou par-
tic. ══ Oraison pour le clergé de France, au Parlement
de Paris, touchant les rachats féodaux pretenduz sur les
terres ecclésiastiques, par René Choppin. *Paris, Chesneau,* 1580. ══ Remonstrances à Henri III, par René
Conte (*sic*) de Sanzay, sur la réformation de tous les
ordres, extirpation des hérésies, et poursuite contre les
heretiques. *Paris, Jean Richer,* 1588. ══ Remonstrance
au Roy tenant ses estats à Blois, par les officiers de Sa
Majesté. *Blois, Claude de Montr'œil,* 1588. ══ Harengue
prononcée devant le Roy, seant en ses Estats à Blois,
par Pierre d'Epinac, archevêque de Lyon. *Paris,
l'Huillier,* 1577, in-4, gr. pap., v. f. *Aux armes de De
Thou.*

1702. Histoire ecclésiastique de la cour de France, par
l'ab. Oroux. *Paris,* 1776, in-4, 2 vol., br. en cart.

1703. Mémoires pour servir à l'Histoire de la guerre de la
Vendée, par le comte de *** (Vauban). *Paris,* 1806,
in-8, d.-rel.

1704. Vol. in-4, contenant diverses pièces, dont : Éti-
quette du Palais impérial ; Cérémonial pour l'ouverture
des Chambres ; Relation générale des cérémonies du
mariage de S. M. ; Réglemens pour les palais impériaux ;

Programme des cérémonies du *Te Deum*, et de celles de l'ouverture de la session, etc., etc.

1705. Concordato del 1780. tra la Santità del S. Pont. Pio VI. e S. A. R. P. Leopoldo I. intorno alla bonificazione della chiane nei territori di Città-della-Pieve e di Chiusi. *Firenze*, 1788, pet. in-fol., fig., rel. en cart.

1706. Coup-d'œil sur l'Administration générale du royaume de Naples. In-fol., rel. en pap. mar. r., dent. *Ms*.

1707. Recueil de pièces imprimées et mstes, sur le comté de Hanau, contenant l'État des biens et droits domaniaux, tant du prince que des 20 bailliages du Hanovre. In-fol., d.-rel.

1708. Bibliothèque britannique, ou Histoire des ouvrages des savans de la Grande-Bretagne. *La Haye, P. de Hondt*, 1733-47, pet. in-8, 25 vol., d.-rel.

1709. Galerie morale et politique, par M. de Ségur. *Paris, Eymery*, 1818-23, in-8, 3 vol., d.-rel.

———

Nota. On vendra à la fin de la 19ᵉ. vacation plusieurs corps de bibliothèque en bois d'acajou, une belle échelle de bibliothèque en spirale et roulante, aussi en bois d'acajou, et un meuble en bois de noyer, destiné à recevoir le grand ouvrage de la Description de l'Égypte.

TABLE DES MATIÈRES.

OUVRAGES NOUVEAUX

chez Merlin.

VOYAGE ARCHÉOLOGIQUE DANS L'ANCIENNE ÉTRU-
RIE, par M. Dorow, trad. de l'allem. sur le ms. inédit de l'auteur, par M. Eyriès. 1 vol. in-4, avec 16 pl. lithogr. représentant
une suite d'antiquités trouvées par l'auteur, ou conservées dans la
galerie de Florence. *Prix,* . . . . : 10 fr.

Cet ouvrage, du plus haut intérêt pour la connaissance de l'art chez les
Étrusques, contient des détails importans sur les vases en terre noire
récemment découverts, et qui prouvent sans réplique que la civilisation des Étrusques ne doit rien à la Grèce, et qu'elle est venue primitive-
ment de l'Egypte et de l'Orient.

VOYAGE DANS LES STEPS D'ASTRAKHAN ET DU CAU-
CASE, suivi de l'Histoire primitive des peuples qui ont habité anciennement ces contrées, par le C. J. Potocki, publ. avec des
notes et des tables par M. Klaproth. In–8, 2 vol. avec 2 cart. et
7 fig. coloriées. *Prix,* 15 fr.

La publication des deux ouvrages les plus curieux du C. Potocki, dont
l'un était resté jusqu'ici inédit, et dont l'autre avait été tiré à si petit
nombre que sa rareté le faisait élever dans les ventes à des prix excessifs,
est une nouvelle obligation que les amis des connaissances historiques auront au savant philologue qui a consenti à donner ses soins à cette édition
et à l'enrichir de ses notes et de ses nombreuses additions.

MANUEL DE NUMISMATIQUE ANCIENNE, par M. Hen-
nin. 2 vol. in–8.

Depuis long-temps les amateurs de médailles désiraient un Traité
abrégé qui pût leur servir de guide dans cette science, et leur tenir lieu
des ouvrages, aujourd'hui rares et coûteux, des savans numismatistes
Eckhel, Mionnet, etc. Il appartenait à l'auteur de l'*Histoire numismatique de la révolution française* de remplir cette lacune. L'ouvrage que
nous annonçons se composera d'un volume d'élémens, et d'un volume de
nomenclature indiquant par des formules nouvelles et concises les raretés
et les valeurs des pièces. C'est un *vade-mecum* du numismatiste. Le nom
et la réputation de l'auteur nous dispensent de faire l'éloge de son ouvrage, nous nous bornerons à dire qu'il aura rendu un véritable service
à la science en contribuant à la rendre populaire.

Les deux premiers ouvrages sont en vente, le dernier paraîtra inces-
samment.
